Das einzige Buch über das Gesetz der Anziehung, das du jemals brauchen wirst

Der vollständige Leitfaden zum Manifestieren von Geld, Liebe, Gesundheit und allem, was du dir im Leben wünschst

Layla Moon

Inhaltsverzeichnis

Deine KOSTENLOSEN Geschenke

Um dir auf deinem spirituellen Weg zu helfen, habe ich 4 GRATIS-Bonus-E-Books erstellt.

Du bekommst sofort Zugang, wenn du dich unten für meinen E-Mail-Newsletter anmeldest.

Zusätzlich zu den 4 kostenlosen Büchern erhältst du wöchentlich Tipps, kostenlose Buchverlosungen, Rabatte und vieles mehr.

Alle diese Geschenke sind 100 % kostenlos und ohne jegliche Bedingungen. Du musst keine persönlichen Daten angeben, außer deiner E-Mail-Adresse.

Um deinen Bonus zu erhalten, klicke hier:

https://dreamlifepress.com/four-free-gifts

Oder scannen Sie diesen QR-Code

Geistführer für Anfänger: Wie du den Ruf des Universums hörst und mit deinem Geistführer und deinen Schutzengeln kommunizierst

Geführt von Moon selbst, inspiriert von ihren eigenen Erfahrungen und dem Wissen, das seit Tausenden von Jahren von Hunderten von Generationen weitergegeben wurde, wirst du alles entdecken, was du wissen musst, um;

- Zu verstehen, was der Ruf des Universums ist

- Wie du ihn hörst und verstehst

- Zu wissen, wer und was deine Geistführer und Schutzengel sind

- Lernen, wie du dich mit deinen Führern verbindest, ein Gespräch beginnst und deinen Führern zuhörst

- Wie du deine Träume mit der Hilfe der kosmischen Quelle manifestieren kannst

- Wie du anfängst, das Leben zu leben, das du leben willst

- Und vieles mehr...

Das Gesetz der Anziehung: Verwirkliche deine Wünsche

Erfahre, wie du die unendliche Kraft des Universums anzapfen und alles manifestieren kannst, was du dir im Leben wünschst.

Enthält:

- Gesetz der Anziehung: Verwirkliche deine Wünsche E-Book

- Gesetz der Anziehung Arbeitsbuch

- Cheat Sheets und Checklisten, um sicherzustellen, dass du auf dem richtigen Weg bist

Hoodoo Buch der Zaubersprüche für Anfänger: Einfache und effektive Wurzelarbeit, Beschwörungs- und Schutzzauber für Heilung und Wohlstand

Nutze die Kraft einer der größten Magien. Hoodoo ist eine mächtige Kraft, die ideal ist, um Negativität in Schach zu halten, Positivität in allen Bereichen deines Lebens zu fördern, den Dingen, die du liebst, Schutz zu bieten und letztendlich die Kontrolle über dein Schicksal zu übernehmen.

In diesem Buch wirst du entdecken:

- Wie du mit Hoodoo in deinem täglichen Leben beginnen kannst
- Wie du mit Beschwörungszaubern das Leben manifestieren kannst, das du leben willst
- Wie du mit Schutzzaubern die härtesten Zeiten überstehen kannst
- Wie man den Kreislauf des Unglücks durchbricht und das Glück im Leben fördert
- Wie man mit Hoodoo Wohlstand und finanzielle Stabilität fördert
- Wie man mit Hoodoo-Magie sowohl kurzfristige als auch langfristige Traumata und Probleme heilen kann
- Wie du Flüche entfernst und Schmerzen, Leiden und Negativität aus deinem Leben verbannst
- Und so viel mehr...

Das Buch der Schatten

Eine druckbare PDF-Datei, die dich bei deiner spirituellen Transformation unterstützt.

In diesem Buch findest du:

- Zaubertrank- und Tinkturenzettel

- Log-Seiten für ätherische Öle

- Kräuter - Log-Seiten

- Eine Checkliste für magische Rituale und spirituelle Körperziele

- Arbeitsblätter zum Tarotlesen

- Wöchentlicher Mond- und Planetenzyklus-Tracker

- Und so viel mehr

Um deinen Bonus zu erhalten, klicke hier:

https://dreamlifepress.com/four-free-gifts

Oder scannen Sie diesen QR-Code

Vorwort

Was du denkst, wirst du. Was du fühlst, ziehst du an. Was du dir vorstellst, erstellst du.

- Buddha

Endlich. Das letzte Buch, das du jemals brauchen wirst, wenn es um das Gesetz der Anziehung geht. Du hältst es hier in deinen Händen. In den letzten zwei Jahrzehnten habe ich mir meinen Weg durch diese Welt gebahnt, von ganz unten angefangen und mich bis zu einem Punkt hochgearbeitet, an dem ich tatsächlich stolz auf mich sein kann. Einem Punkt, an dem ich glücklich bin. In diesem Buch geht es jedoch nicht um meine Reise.

Es geht um deine.

Ein Leitfaden, der dir helfen soll, dein bestes Leben zu leben. Hast du dich jemals gefragt, wie man das macht? Hast du dich jemals in einem nicht enden wollenden Trott wiedergefunden, aus dem du dich nicht befreien kannst? Hast du das Gefühl, dass das Leben dich festhält, indem es dir einen Stein nach dem anderen in den Weg legt? Hast du dich jemals gefragt, wie du die Dinge am besten angehen kannst, wenn es schwierig wird? Wolltest du schon immer wissen, wie du dich auf einen Weg bringen kannst, auf den du stolz sein kannst, um ein Leben zu führen, mit dem du zufrieden bist?

Die Antworten auf all diese Fragen liegen im Gesetz der Anziehung. Manche nennen es eine Methodik. Andere nennen es das Geheimnis. Wie auch immer du es nennen willst, es besteht kein Zweifel daran, dass du auf diesen Seiten alles lernen wirst, was du wissen musst, um dein Leben selbst in die Hand zu nehmen - vielleicht zum ersten Mal.

Um eines klarzustellen: Dies ist das letzte Buch, das du jemals lesen musst, wenn es um das Gesetz der Anziehung geht. Du hast wahrscheinlich Artikel im Internet oder Rhonda Brynes Bestseller gelesen, und obwohl es großartige Bücher sind, fand ich sie unnötig kompliziert und spiritueller, als sie sein müssten. Ich habe sie geliebt, aber irgendetwas fehlte, zumindest für mich und viele andere Menschen, mit denen ich über dieses Thema gesprochen habe.

Wenn du das Gesetz der Anziehung noch nicht kennst, ist dies ein Leitfaden voller umsetzbarer Erkenntnisse, die dein Leben verändern werden. Diese Seiten enthalten jahrelange persönliche Forschung, Erfahrung, Versuch und Irrtum sowie Höhen und Tiefen.

Es ist die Definition des Gesetzes der Anziehung; wofür es steht, wie es funktioniert und wie du es nutzen kannst, um das

Leben zu erschaffen und zu manifestieren, das du willst.

Dieses Buch soll dir dabei helfen, deine Zeit nicht länger mit dem Lesen anderer Bücher, dem Besuch von Seminaren oder Gesprächen mit Therapeuten und Lebensberatern zu verschwenden, sondern deine Zeit in das Ergreifen von Maßnahmen zu investieren. Alles, was ich in den letzten zwei Jahrzehnten gelernt habe, an einem Ort. Ich habe nie zuvor eine Lehrquelle gefunden, die vollständig erfasst, wie du das Gesetz der Anziehung praktisch für dich arbeiten lassen kannst.

Also habe ich mich daran gemacht, meinen eigenen Text zu schreiben. Hier ist sie.

Wo alles anfing

Um den Anfang zu machen, hier meine eigenen Erfahrungen mit dem Gesetz der Anziehung. Dies ist ein kurzer Abschnitt für den Anfang, damit du weißt, wer ich bin und woher ich komme. Aber vor allen Dingen erfährst du, wie das Gesetz der Anziehung buchstäblich mein Leben verändert hat.

Beginnen wir am Anfang. Vor etwa 15 Jahren befand ich mich in einem Trott. Ein Tiefpunkt, wenn man so will. Ich war Anfang zwanzig, lebte mit einem Partner zusammen, der mich emotional missbrauchte, und unsere Beziehung stand ständig am Rande des Abgrunds. Ich war von der Welt isoliert. Ich hatte nur wenige Freunde (oder zumindest sah ich sie nicht oft), ich hatte einen aussichtslosen Job, und um es offen zu sagen, hasste ich mich selbst. Ich würde sogar sagen, dass ich mich verachtete.

Ich erinnere mich daran, dass ich eines Tages vor dem Verlassen meiner schmutzigen Wohnung in den Spiegel schaute und den Kopf über mich selbst im Spiegel schüttelte. Laut sagte ich wörtlich: "Was zum Teufel machst du da mit dir?", bevor ich weiterging.

Ich weiß nicht, warum ich das gesagt habe oder welcher Teil von mir beschlossen hatte, es zu sagen, aber es war passiert. Das war die eine Frage, die ich ernsthaft beantworten wollte, aber ich habe die Antwort nie gefunden. Ich kauerte mich einfach hin und arbeitete so hart ich konnte, machte aber keine Fortschritte. Das tat ich jahrelang.

Ein paar Jahre später hatte ich eine Art Erleuchtung. Ich hatte zwei Jahre lang als Vermessungsingenieur gearbeitet, und das Unternehmen, für das ich tätig war, war schrecklich. Schlechter Kundenservice, langsame Bearbeitungszeiten, ein bösartiger Chef, ein toxischer Arbeitsplatz, das volle Programm. Also beschloss ich, dass dies das neue Kapitel war, auf das ich gewartet hatte. Ich beschloss, mein eigenes Unternehmen zu gründen. Ich musste Brücken abbrechen, um wegzukommen, aber das störte mich nicht. Das war mein Wendepunkt.

Ich war fest entschlossen, es zum Laufen zu bringen, und gab alles, so motiviert wie seit langem nicht mehr. Im Laufe des ersten Jahres fand ich mich jedoch in einer surrealen Situation wieder: Je mehr ich mich bemühte, mein Unternehmen zum Leben zu erwecken, desto weniger Geld schien ich zu verdienen und desto mehr schien es zu scheitern. Es spielte keine Rolle, wie viel Mühe und Zeit ich in die Sache steckte; meine Arbeit brachte kein Einkommen. Ich kämpfte darum, mich über Wasser zu halten.

Und so war ich nach vielen Monaten, in denen ich wirklich alles, was mir eingefallen war, versucht hatte, um meine Situation zu verbessern, letztendlich ratlos - körperlich am Ende, traurig und emotional, lethargisch und völlig erschöpft. Gedemütigt musste ich Freunde und Familie um Geld bitten. Ich musste härter arbeiten als je zuvor, nur um meinen Lebensunterhalt zu bestreiten, aber ich wurde das Gefühl nicht los, dass mir alles aus den Händen glitt.

Ich hatte Pläne, und ich wusste, was ich tun musste. Ich hatte Ideen für das Marketing und für mehr Effizienz, und ich begann, über den Aufbau eines Teams nachzudenken und all die Grundlagen zu schaffen, von denen ich wusste, dass ich sie brauchte, aber Pläne sind eben genau das: Pläne. Sie entsprachen nicht meiner Realität. Vielleicht habe ich es einfach zur falschen Zeit am falschen Ort versucht.

Irgendwann zog ich einen Schlussstrich und akzeptierte, dass das Unternehmen gescheitert war. Ich konnte meine Familie und Freunde nicht länger bitten, mir zu helfen, das Geschäft am Laufen zu halten. Die Schuldgefühle und die Scham waren zu groß. Ich war völlig pleite und schämte mich zutiefst. Die Negativität, die Traurigkeit und die Verzweiflung brachen über mich herein, und ich hatte das Gefühl, dass sich nie etwas ändern würde. Ich befand mich wieder in dieser Schleife und war nicht besser dran als Jahre zuvor.

Es ging alles den Bach runter. Ich musste aufgeben. Ich hatte kein Feuer mehr in mir und wollte es nicht mehr versuchen. Mein Traum hatte sich mir entzogen, und es war Zeit, weiterzuziehen.

Ich weiß, das klingt ein bisschen dramatisch, aber es ist die Wahrheit. Wenn du schon einmal in einer ähnlichen Situation warst, weißt du, wie anstrengend das sein kann.

Leider ist es in solchen Situationen oft so: Ein Unglück kommt selten allein. Du hast vielleicht schon bemerkt, dass auf schlimme Ereignisse meist ein endloser Strom anderer schlimmer Dinge folgt. Ich hatte alles gegeben, um das Geschäft zum Laufen zu bringen, und nun stand ich vor dem Aus.

Ich hatte mein Haus, mein Auto, mein Geld und meine Beziehungen aufgegeben. Ich hatte nicht mehr als ein paar persönliche Gegenstände in einem Koffer, den ich ein ganzes Jahr lang mit mir herumschleppte. Ich war fünfundzwanzig Jahre alt und wohnte bei Freunden auf der Couch, blieb aber nie länger als ein paar Tage, aus Schuldgefühlen und aus Angst, jemandem mit meiner Anwesenheit zur Last zu fallen. Das klingt dramatisch, aber so habe ich mich wirklich gefühlt.

Das war mein Leben. Ich war gefangen in einem Kreislauf von Entscheidungen und dem Gefühl, dass sie jedes Mal nach hinten losgingen. Ich arbeitete so hart, um genug Geld zu sparen, um mich an einen Punkt zu bringen, auf den ich stolz sein konnte, aber nur ein paar Wochen später war mein Konto überzogen und die Kreditraten drohten mir.

Natürlich *musste ich etwas* tun. Ich hatte diesen ständigen Zustand satt, nicht zu wissen, was ich tat. Ich hatte es satt, keine Kontrolle über mein Leben zu haben und meine Zeit damit zu verschwenden, von den Strömungen des Unglücks umhergezogen und immer wieder gegen die Felsen geschleudert zu werden.

Aus purer Verzweiflung wandte ich mich an das Internet. Wie man es eben so macht.

"Siehst du", sagte ich zu mir selbst. "Selbst wenn ich nicht weiß, wo ich anfangen oder was ich tun soll, muss es doch besser sein als das hier."

Und so begann ich nach Antworten zu suchen. Ich brauchte irgendwas. Vielleicht sind wir alle nur ein Produkt unserer Umgebung, und vielleicht war das das Problem. Also fing ich an, darüber nachzudenken, wie ich mein Umfeld verändern und die Dinge anders angehen könnte. Ich weiß nicht genau, was ich mir dabei gedacht hatte, aber das erste, was ich tat, war, mich auf einen örtlichen Friedhof zu setzen.

Ich dachte, wenn wir alle nur aus Atomen und Energie bestehen, gibt es vielleicht eine Art positive Schwingung oder Energie, die von einem solchen Ort ausgeht. Schließlich machen die Menschen das schon seit Jahren durch Gebete. Ich war ratlos. Wenn ich dorthin ginge, könnte ich eventuell zumindest eine Art von Energie spüren, die mir aus meiner Situation heraushelfen würde. Wenn ich Glück hatte, würde Gott mich vielleicht erleuchten und mir den Weg zeigen.

Ich dachte mir, wenn das Sitzen auf einem Friedhof für Einstein gut genug war, dann sollte es auch für mich gut genug sein. Das einzige Problem war, dass ich nicht wirklich etwas spüren konnte. Ein paar Spatzen suchten auf dem Boden nach Nahrung, aber das war es dann auch schon. Kein spirituelles Erwachen rührte sich unter der Oberfläche. Keine Aha-Erlebnisse.

Aber dann habe ich überlegt, was ich sonst noch tun könnte, um mich aus dem Trott zu befreien. Ich weiß, dass ich Dinge brauchte. Materielle Dinge. Ich brauchte Geld. Ich brauchte einen festen Job. Ich musste herausfinden, was ich wegen meiner missbräuchlichen Beziehung tun sollte, und ich musste auf jeden Fall an meinen anderen Beziehungen arbeiten; ob das nun bedeutete, alte Beziehungen wiederzubeleben oder neue zu finden.

Vielleicht allem voran: Ich brauchte das Selbstvertrauen und den Mut, in die Welt hinauszugehen und all diese Dinge zu verwirklichen. In den letzten Jahren hatte ich versucht, Dinge zu verwirklichen. Ich hatte versucht, meine Träume zu verwirklichen, und es hatte mich nur noch schlimmer gemacht als zu Beginn. Mein Selbstvertrauen und mein Selbstwertgefühl waren auf einem absoluten Tiefpunkt, und das musste sich ändern.

Vor allem hatte ich das Gefühl, dass ich endlich etwas Vernunft oder Frieden brauchte. Aber das warf sehr wichtige Fragen auf. Wie konnte ich all diese Dinge in mein Leben bringen? Wie konnte ich sie in mein Leben locken?

Als ich zu dem Zeitpunkt darüber nachdachte, kam mir das alles so viel vor, dass man es genauso gut als unmöglich hätte bezeichnen können.

Später an diesem Abend kam ich nach Hause und googelte wortwörtlich "wie man Stabilität anzieht", und siehe da, ich sah Artikel über das Gesetz der Anziehung. An diesem Punkt in meinem Leben war das Gesetz der Anziehung ein Konzept, von dem ich schon einmal gehört hatte, das ich aber irgendwie vergessen zu haben schien. Ich erinnere mich, dass meine Mutter ein Exemplar von Rhonda Byrnes "The Secret" im Bücherregal im Wohnzimmer meines Elternhauses stehen hatte. Als ich jünger war, sprach meine Großmutter auch immer über das Gesetz der Anziehung. Sie verbrachte den ersten Tag eines jeden neuen Jahres damit, Vision Boards zu erstellen, die ihr dabei helfen sollten, ihr Jahr zu manifestieren, obwohl ich dem damals wenig Aufmerksamkeit schenkte.

Ich erinnerte mich auch daran, dass ich ein Online-Selbsthilfeseminar über das Gesetz der Anziehung angesehen hatte. Interessant, dachte ich mir. Sehr interessant. Es war, als ob sich Teile eines Puzzles in meinem Kopf zu formen begannen und alte Erinnerungen wachrüttelten, von denen ich nicht einmal wusste, dass ich sie hatte. Da ich keine anderen Lösungen im Kopf hatte, ging ich der Sache nach. Ich begann damit, mich zu bilden.

Zuerst machte es überhaupt keinen Sinn. Die Vorstellung, dass du dir etwas wünschen kannst und es einfach bekommst, erschien mir bizarr. Aber als ich anfing, mehr zu lesen und mehr über das Gesetz zu erfahren, wurde mir klar, dass es nicht nur ein Haufen Unsinn ist, über den die Leute gerne reden. Es war kein Wunschdenken.

Das Gesetz der Anziehung könnte tatsächlich in der realen Welt angewendet werden. Die Beweise waren überall und es gibt buchstäblich endlose Geschichten von Menschen, die das Gesetz der Anziehung genutzt haben, um ihr Traumleben zu manifestieren.

Zum Beispiel sprechen Motivationsredner wie Tony Robbins über das Gesetz der Anziehung und wenden seine Konzepte auf unterschiedliche Weise an. Statistiken zeigen, dass er über 50 Millionen Menschen erreicht hat. Berühmte Persönlichkeiten wie Will Smith und Jim Carrey sprechen regelmäßig über ihre Erfahrungen mit der Manifestation ihrer Wünsche, indem sie dieselben Konzepte und Techniken anwenden, die wir in diesem Buch erforschen werden.

Arnold Schwarzenegger ist ein bekanntes Beispiel für jemanden, der das Gesetz der Anziehung benutzt hat, um starke Ergebnisse zu erzielen. Arnold, der in seinen jungen Jahren ein begnadeter Bodybuilder war, erklärte in vielen Interviews, dass er den Titel des Mr. Universum gewinnen wollte und dies in dieser Phase seines Lebens sein Traum war. Infolgedessen pflegte er sich seinen Erfolg vorzustellen und zu visualisieren, indem er bei laufenden Turnieren herumlief, als wäre er der König und hätte den Titel bereits gewonnen.

Arnold begann seine Karriere im Alter von 15 Jahren und gewann schließlich im Alter von 20 Jahren den Mr. Universum-Titel, was angesichts des Wettbewerbs in der Branche eine unglaublich schnelle Leistung ist. Und obwohl er schon lange nicht mehr an Wettkämpfen teilgenommen hat, hat seine Bodybuilding-Karriere ein bleibendes Vermächtnis hinterlassen, und er bleibt einer der bekanntesten Bodybuilder der Geschichte.

Es gibt sogar einen US-amerikanischen Bodybuilding-Wettbewerb namens Arnold Sports Festival, der als zweitwichtigste Bodybuilding-Veranstaltung der Welt nach Mr. Olympia gilt.

Schwarzenegger war sehr proaktiv, wenn es darum ging, das Gesetz der Anziehung anzuwenden, und die Ergebnisse waren während seiner gesamten Karriere als Bodybuilder, berühmter Hollywood-Schauspieler und sogar während seiner politischen Karriere als Gouverneur des Staates Kalifornien unglaublich deutlich. Das ist eine Menge Erfolg für einen einzigen Mann, aber dies ist nur ein Beispiel für viele Menschen, die das Gesetz der Anziehung genutzt haben, um das Universum auf ihre Seite zu ziehen und ihr Traumleben zu verwirklichen.

Jay-Z, Oprah Winfrey, Lady Gaga, Will Smith und Denzel Washington wenden alle das Gesetz der Anziehung in ihrem eigenen Leben an und haben öffentlich darüber gesprochen. Selbst der bekannte UFC-Kämpfer Conor McGregor wendet diese Lehren an.

"Wenn du es hier (in deinem Kopf) siehst und den Mut hast, es auszusprechen, wird es passieren. Ich sehe diese Aufnahmen, ich sehe diese Sequenzen, und ich schrecke nicht davor zurück. Oft glauben Menschen an bestimmte Dinge, aber sie behalten sie für sich. Sie bringen es nicht nach außen. Wenn du wirklich daran glaubst und es laut aussprichst, erschaffst du das Gesetz der Anziehung, und es wird Realität." - Conor McGregor, UFC 194.

Wenn du bedenkst, dass sich Bücher über das Gesetz der Anziehung wie "The Secret" über 35 Millionen Mal verkauft haben und es sogar Hinweise auf das Gesetz der Anziehung in Schriften wie der vor über 3.000 Jahren geschriebenen Bibel gibt, dann zeigt das, dass es sich um etwas handelt, das buchstäblich seit Jahrtausenden Teil der menschlichen Kultur ist und das es wert ist, untersucht zu werden.

Natürlich war ich skeptisch. Aber gleichzeitig hatte ich viele Jahre lang beobachtet, wie bestimmte Freunde und Familienmitglieder bekamen, was sie wollten. Sie waren erfolgreich darin, ihre Träume zu verwirklichen. In lockeren Gesprächen baten sie um große Dinge: eine bessere Karriere, mehr Geld, ein neues Haus oder Auto, und ich beobachtete mit Bewunderung, wie sich ihr Leben mit der Zeit veränderte. So hart sie auch dafür gearbeitet haben (und glaube mir, sie haben hart gearbeitet), ohne überhaupt zu wissen, worauf sie hinarbeiteten, die Dinge, die sie sich wünschten, kamen schließlich in ihr Leben.

Und ich konnte nie verstehen, warum ich anscheinend zu kurz kam.

Als ich anfing, dachte ich, das Gesetz der Anziehung sei nur eine Illusion, eine Möglichkeit für Menschen, die in der realen Welt nicht zurechtkommen, sich besser zu fühlen. Ein Weg für Menschen, die nicht wussten, was sie mit ihrem Leben anstellten, um zu versuchen, sich in eine produktivere Richtung zu lenken. Ich hatte das Gefühl, dass es nur im Fernsehen funktionierte, und während einige Leute das Glück hatten, in die richtige Kombination aus Glück, gutem Timing und gutem Karma zu geraten (ein perfekter Sturm sozusagen), hatte die große Mehrheit von uns wenig Hoffnung, wenn es darum ging, etwas zu erreichen. Ich glaubte, dass wir mit unserem Los im Leben feststeckten.

Aber dann... habe ich meine Meinung geändert.

Das Gesetz der Anziehung ist keine Illusion; es ist eine Möglichkeit für Menschen, die Kontrolle über ihr Leben zu übernehmen und es auf die Dinge zu lenken, die sie sich wünschen. Das Gesetz der Anziehung bedeutet nicht, dass du dich zurücklehnst und erwartest, dass andere die Dinge, die du willst, in dein Leben bringen. Stattdessen bedeutet es, dass du, wenn du weißt, was du tust, die Kontrolle über dein Schicksal übernehmen und die Dinge geschehen lassen kannst.

Was ich auf meiner eigenen Reise gefunden habe, ist einfach unglaublich...

Wie das Gesetz der Anziehung funktioniert

Was ist das Gesetz der Anziehung? Wie funktioniert es? Wie kannst du das Gesetz der Anziehung auf dein eigenes Leben anwenden? Beginnen wir mit den Grundlagen.

Das Gesetz der Anziehung. Um ein grundlegendes Verständnis dafür zu bekommen, was dieses Gesetz beinhaltet, lass uns mit der Wissenschaft beginnen, und glaube mir, es gibt eine *Menge* Wissenschaft, die dies unterstützt.

Alles, was im Universum existiert, hat eine Energieschwingung. Ob du, ich, das Gebäude, in dem du dich befindest, oder der Planet, sie alle haben eine Schwingung. Das mag ein wenig kompliziert klingen, vor allem, wenn du neu in der Quantenphysik bist, aber die Prämisse ist wirklich einfach.

Wissenschaftler haben festgestellt, dass alles vibriert, sogar die Atome, aus denen die Materie besteht. Das bedeutet, dass alles ständig in Bewegung ist, nicht nur die Erde, die die Sonne mit 67.000 Meilen pro Stunde umkreist.

Dies ist als "Atomschwingung" bekannt, die wissenschaftlich als "periodische Bewegung der Atome eines Moleküls relativ zueinander" definiert ist. Einfach ausgedrückt: Moleküle und Atome schwingen im Verhältnis zu den sie umgebenden Molekülen und Atomen.

Interessanterweise reagieren die gleichen Bausteine auf Energie. Wenn du zum Beispiel Wasser erhitzt, überträgst du thermische Energie in das Wasser, die nicht nur das Wasser erwärmt, sondern auch die Atome und Elektronen in den Atomen in Schwingung versetzt.

So funktioniert es: Wenn du deine Aufmerksamkeit auf etwas richtest, nimmt dein Geist dessen Energie auf und sendet sie in das Universum hinaus. Du ziehst dann ähnliche Schwingungsfrequenzen an. Du denkst an etwas, das elektrische Signale oder Energie erzeugt, die sich ausbreiten und andere Atome in Schwingung versetzen. Werfen wir einen Blick auf ein Beispiel aus dem wirklichen Leben.

Nehmen wir an, du willst ein neues Auto. Tagein, tagaus denkst du nur an deinen Wunsch nach diesem Auto, an die Farbe, den Stil, die Lederausstattung, das Soundsystem oder die Geschwindigkeit... was auch immer es sein mag. Du denkst ständig an dieses Auto, und diese Gedanken multiplizieren sich und erzeugen eine starke Schwingung. Sie wird zu einer kraftvollen Energiefrequenz, die in das Universum hinausgesandt wird und sofort ähnliche Frequenzen zu dir zurückzieht.

Und was passiert dann? Du bekommst dein neues Auto! Das Gesetz der Anziehung hat es direkt zu dir gebracht.

Zumindest in der Theorie! In Wirklichkeit geht es jedoch um viel mehr, aber damit fängst du an.

Beim Gesetz der Anziehung geht es nicht nur darum, um Dinge zu bitten; es geht darum, deine Wünsche mit intensiver Leidenschaft zu spüren und dann loszulassen, in dem Wissen, dass das Universum deine Botschaft verstanden hat und dir das Gewünschte bringen wird, wenn die Zeit reif ist. Es nützt nichts, tagein, tagaus herumzusitzen und darüber nachzudenken, wie sehr du dir etwas wünschst, wenn du es nicht mit jeder Faser deines Wesens fühlst. Je mehr du fühlst, was du willst, desto stärker ist deine Schwingungsenergie, und desto leichter wird es sein, deine Wünsche zu manifestieren.

Wenn du nur denkst, oh schön, ja, ich würde gerne eine Million Euro haben, aber du vergisst es und fühlst es nicht jeden Tag, wird es nie passieren, weil die Schwingungsenergie nicht vorhanden ist.

Es ist der Unterschied zwischen sich Dinge wünschen und dem Wissen, dass du bereits alles hast, was du brauchst, um diese Wünsche wahr werden zu lassen. Es besteht kein Zweifel: Das Gesetz der Anziehung erfordert Übung. Es ist kein Zaubertrick, der auf Anhieb funktioniert, aber du kannst lernen, es mit Zeit und Mühe nach Belieben zu aktivieren.

Genau das werden wir in diesem Buch behandeln, und wenn ich sage, dass es das letzte Buch sein wird, das du jemals brauchst, dann meine ich das auch so. Wir werden alles über die Wissenschaft hinter der Praxis erforschen und all die verschiedenen Möglichkeiten, wie du sie für dich nutzen kannst.

Beginnen wir also mit der Theorie.

ZWEITES KAPITEL

Die Wissenschaft hinter dem Gesetz der Anziehung

Alles ist Energie! Gleiche dich der Frequenz der Realität an, die du möchtest und du kreierst diese Realität. Das ist keine Philosophie. Das ist Physik.
- Albert Einstein

Bevor du lernst, wie du das Gesetz der Anziehung bewusst anwenden kannst, ist es wichtig zu wissen, was bei unbewusster Anwendung passiert. Denn wenn du nicht auf die Energie achtest, die du in das Universum hinaus sendest, hast du nur sehr wenig Kontrolle über die ausgesendete Energie, und du wirst eine Menge Chaos anziehen.

Es geht darum, Kontrolle zu übernehmen, aber zuerst musst du verstehen, wie das funktioniert. Lasst uns nun auf dem Fundament aufbauen, das wir im ersten Kapitel gelegt haben.

Das Gesetz der Anziehung in der Physik

Nach Ansicht von Physikern besteht unser gesamtes Universum aus vibrierenden Energiefäden, die als "subatomare Teilchen" bekannt sind. Aus diesem Grund sagt man, dass unser Universum eine einzige große "Vibration" ist. Es ist eine endlose Weite aus vibrierenden subatomaren Teilchen, und alles in unserer physischen Realität, einschließlich der Menschen, besteht aus ihnen.

Die Art und Weise, wie sich diese Energieschwingungen verhalten, bestimmt die physische Beschaffenheit der Dinge um uns herum, einschließlich der Art und Weise, wie wir fühlen, uns verhalten und handeln. Das liegt daran, dass unsere physische Umgebung nicht von uns getrennt ist. Tatsächlich ist das, was dich gerade umgibt, ein Spiegelbild deiner Gefühle.

Ist dir je aufgefallen, dass, wenn du das Gefühl hast, die Kontrolle über dein Leben zu verlieren oder wenn dir ständig schlimme Dinge passieren, sich das auch auf den Rest deines Lebens auswirkt? Vielleicht stapelt sich deine Wäsche, das Geschirr wird nicht abgewaschen, du duschst tagelang nicht und dein Schlafzimmer wird jeden Tag unordentlicher.

Dein Umfeld spiegelt deine Schwingungen wider, und du hast viel Kontrolle darüber. Mehr als du denkst. Das liegt daran, dass es dein Raum ist. Deine Schwingungen interagieren und verbinden sich mit den Schwingungen unseres Umfeldes, unserer Umgebung und anderer Lebewesen.

Ist dir je aufgefallen, dass ein Hund nervös, ängstlich oder sogar abwehrend reagiert, wenn du selbst in der Nähe eines Hundes nervös bist? Wenn du aber selbstbewusst und fürsorglich auftrittst, fühlt sich der Hund viel wohler. Das ist ein Beispiel für die Interaktivität der Schwingungsenergie.

Dies geschieht nicht nur auf einer persönlichen Ebene. Die Wissenschaft basiert buchstäblich auf diesen Ideen. Wenn zum Beispiel Wasserstoffatome unter den richtigen Bedingungen zusammengepresst werden, verschmelzen sie und bilden Helium (dieser Prozess wird als Kernfusion bezeichnet und gibt Energie ab). Wenn Wassermoleküle auf den Siedepunkt erhitzt werden, verdampfen sie.

Als Wissenschaftler begannen, die Beziehung zwischen Schwingungen und beobachtbaren Phänomenen zu untersuchen, stellten sie interessanterweise fest, dass jede Note auf einer musikalischen Skala einer anderen Art von Teilchen entspricht, die mit einer anderen Geschwindigkeit schwingt. Es ist wichtig zu beachten, dass das Wort "Note" durch das Wort "Frequenz" ersetzt werden könnte.

Die Noten einer musikalischen Skala können verwendet werden, um verschiedene Arten menschlicher Gefühle zu beschreiben. Wenn wir uns glücklich fühlen, ist es so, als würden wir eine A-Note spielen. Wenn wir traurig sind, ist es, als würden wir eine D-Note spielen. Wenn du ein Online-Klavier benutzt und es selbst ausprobierst, wirst du die Veränderung der Gefühle (die eigentlich eine Veränderung der

Schwingungsenergie ist) fast sofort bemerken. Hier kommen Moll- und Dur-Akkorde ins Spiel.

So wie Noten in verschiedene Frequenzen transponiert werden können, wenn sie auf verschiedenen Instrumenten gespielt werden, können auch menschliche Emotionen durch Änderung ihrer Frequenz transformiert werden. Der Geist kann unsere Gefühle verändern, indem er seine Schwingung ändert. Deshalb können wir uns glücklicher, weniger gestresst und positiver fühlen, indem wir einfach aufmunternde Musik hören oder etwas Lustiges sehen.

Das ist die Übertragung von verschiedenen Schwingungsfrequenzen in voller Wirkung!

Das Universum als Schwingungsenergie

Alle Atome in unserer beobachtbaren Realität schwingen und resonieren mit unterschiedlichen Frequenzen. Die Atome, aus denen unser Planet besteht, schwingen zum Beispiel mit einer bestimmten Geschwindigkeit. Die Wechselwirkungen zwischen diesen Schwingungen führen zu "beobachtbaren Ereignissen oder Phänomenen" und schaffen die verschiedenen Elemente und Kräfte in unserer physischen Welt: Schwerkraft, elektromagnetische Strahlung und so weiter.

Auch wenn sie getrennt funktionieren, sind diese atomaren

Schwingungen alle miteinander verbunden. Alles ist miteinander verbunden und beeinflusst alles auf die eine oder andere Weise. Diese Interdependenz schafft unsere Realität. Es ist das Gewebe der Realität, das alles zusammenhält. Es ist ein verblüffendes Konzept; eines, das du gleichzeitig verstehen und nicht verstehen kannst.

Wenn du die Geschwindigkeit der Schwingung eines Teilchens änderst, änderst du seine Frequenz. Wenn du die Frequenz eines Teilchens änderst, änderst du sein Verhalten und damit auch dein gesamtes beobachtbares Universum. Wenn du das Verhalten eines Teilchens änderst, veränderst du deine physische Realität.

So funktioniert das Universum: Wenn eine Gruppe von Atomen zusammenkommt und mit der gleichen Frequenz schwingt, bildet sie "Teilchen", die als subatomare Teilchen bekannt sind. Diese können noch weiter in kleinere oszillierende Energiefrequenzen zerlegt werden, die schwingen, wenn eine elektromagnetische Welle mit ihnen in Kontakt kommt.

Das ist alles, was das Universum ausmacht: Schwingende Energieteilchen, die eine Schwingung oder eine Frequenz bilden, und diese Frequenzen können entweder durch Resonanz oder durch Harmonisierung (d. h. Wellen der Elektrizität) verändert werden. Jede dieser Frequenzen erzeugt eine andere Art von Teilchen, und jede Art von Teilchen hat eine andere atomare Struktur und Frequenz, die letztlich bestimmt, wie diese Teilchen miteinander interagieren.

Das mag schwer zu begreifen sein, da wir uns selbst als viele verschiedene Dinge wahrnehmen: Menschen, Tiere, Objekte usw., aber im Großen und Ganzen ist alles, was existiert, Energie.

Das bringt uns zu einer grundlegenden Frage: Wenn wir nur aus Energie bestehen, die durch unterschiedliche Beziehungen verschiedene Frequenzen erzeugt, was erzeugt dann diese Beziehungen?

Die Antwort lautet: Absicht.

Die Absicht (oder der Gedanke) schafft Beziehungen und Wechselwirkungen zwischen den Frequenzen. Je mehr wir uns auf etwas konzentrieren, desto klarer wird es und desto stärker wird die Beziehung zwischen den beiden Energien.

Wenn du den ganzen Tag an rosa Elefanten denkst, wirst du überall rosa Elefanten sehen, auch wenn vorher keine in Sicht waren. Ein gängiges Beispiel ist, wenn du über den Kauf eines neuen Autos nachdenkst. Wenn du eine Probefahrt machst, wirst du in der nächsten Woche überall die Marke und das Modell dieses Autos sehen.

Das passiert, weil du dich so sehr auf etwas konzentrierst, dass deine Gedanken es in der physischen Welt um dich herum manifestieren. Alles, was dir widerfährt, wird von deinem eigenen Geist erschaffen. Dein Geist ist deine Realität. Was du wahrnimmst und worüber du nachdenkst, ist deine Welt. Wenn du nicht daran denkst, es nicht siehst, dich nicht auf etwas konzentrierst und es nicht wahrnimmst, dann existiert es für dich nicht.

Das heißt aber nicht, dass es nicht physisch vorhanden ist. Es ist wie bei einem Fremden, der dir auf der Straße begegnet. Wenn du ihn nicht kennst und er dir nichts bedeutet, nimmst du ihn nicht wahr und schenkst ihm keine Aufmerksamkeit. Wenn es hingegen dein Partner ist und du ihn sehr liebst, nimmst du vielleicht nur ihn wahr und sonst niemanden. Die Realität ist für jeden Menschen anders.

Das erinnert mich an eine Zeit, in der ich eine Trennung durchlebte. Die Energie der Trennung brachte Gefühle wie Wut, Traurigkeit, Einsamkeit und Distanzierung mit sich, und diese Gefühle sah ich überall in der Welt um mich herum. Meine ganze Welt war voll von Eltern, die ihre Kinder anschrien, anderen streitenden Paaren und traurigen Filmen.

Deine Gedanken und die Energie deiner Gedanken manifestieren diese Realität und spiegeln deine Gefühle wider. Schlussfolgernd lässt sich sagen, dass es nur ein universelles Gesetz gibt.

Gleiches zieht Gleiches an.

Traurigkeit zieht Traurigkeit an. Reichtum zieht Reichtum an.

Frieden zieht Frieden an. Dein Geist und deine Energie spiegeln sich in deiner Realität wider. Deshalb erschafft dein Geist deine Realität. Was du aussendest, bekommst du auch zurück.

Das ist das Gesetz der Anziehung.

Hier die gleiche Logik in einer Formel:

Intention + Fokus = Frequenz (Energie) Frequenz →
zieht ähnliche Frequenz an → Manifestation

Konzentriere dich auf das, was du willst, und verbringe nur sehr wenig Zeit mit dem, was du nicht willst, und diese Energie wird sich ins Universum ausbreiten und ähnliche Frequenzen anziehen. Je mehr Gedanken du dir darüber machst, was du willst, desto stärker wird diese Frequenz, und desto schneller und stärker wird sie sich in deiner physischen Welt manifestieren.

Es gibt jedoch noch einige andere Effekte, die in das Gesetz der Anziehung hineinspielen, und diese zu verstehen bringt sehr viel Klarheit.

Der Pygmalion-Effekt

Der Pygmalion-Effekt ist ein soziales Phänomen, bei dem Menschen ihre eigenen Leistungsstandards anheben, um das zu erreichen, was sie als das erwartete Leistungsniveau für jemanden in ihrer Position ansehen. Dies ist in vielen Formen zu beobachten: sei es bei Sportlern, die gewinnen wollen, weil sie glauben, dass Gewinne von ihnen erwartet werden, oder bei Schülern, die wegen der hohen Ansprüche ihrer Eltern mehr lernen.

Vom evolutionären Standpunkt aus betrachtet ist der Pygmalion-Effekt eine Form der Selbsterhaltung. Wenn du bestimmte Erwartungen erfüllst, wirst du vom Rest der Gemeinschaft akzeptiert und hast eine höhere Überlebenschance.

Um das in einem praktischen Beispiel zu verdeutlichen, stell dir vor, du bist ein Spieler in einer Fußballmannschaft. Da du Teil der Mannschaft bist und trainierst und immer besser wirst, meistens Spiele gewinnst und deine Fähigkeiten als Spieler verbesserst, wirst du glauben, dass du ziemlich gut im Spiel bist. Das sind die Erwartungen, die du an dich selbst hast oder von denen du glaubst, dass andere sie an dich haben, z. B. deine Fans, dein Trainer, deine Familie und Freunde, deine Schule oder dein College oder der Rest deines Teams.

Der Pygmalion-Effekt kann etwas Positives sein und wird aus beruflicher Sicht in der Regel auch so gesehen. Die hohen Erwartungen können Menschen tatsächlich dazu bringen, bessere Leistungen zu erbringen, weil sie aktiv versuchen, die an sie gestellten Erwartungen zu erfüllen. Aus der Sicht des Gesetzes der Anziehung macht dies Sinn.

Wenn du dich mit der Schwingung umgibst, dass du ein Gewinner bist, gute Leistungen erbringst und die hohen Erwartungen erfüllst, dann wirst du eine Realität manifestieren, in der du tatsächlich die erwarteten Leistungen erbringst.

In deinem eigenen Leben könntest du dir die Erwartung setzen, dass du ein guter Elternteil bist oder dass du bei der Arbeit eine hohe Leistung erbringst, und wenn du dich mit diesen Schwingungen umgibst, wirst du dein Leben auf dieser Ebene leben. Das ist das Einmaleins des Gesetzes der Anziehung.

Du musst dir jedoch auch darüber im Klaren sein, dass dies unter anderen Umständen auch in die entgegengesetzte Richtung wirken kann.

So kommt beispielsweise ein wichtiges Spiel wie ein Meisterschaftsendspiel, und du machst einen Fehler, der dazu führt, dass deine Mannschaft das Spiel verliert, z. B. weil du den Siegtreffer nicht machst, einen Zweikampf verpasst oder ein Foul begehst. Diese Situation widerspricht allen Erwartungen, die du von dir selbst hattest.

Du dachtest, du wärst großartig in dem, was du tust, aber als es darauf ankam, warst du nicht in der Lage, die Leistung zu bringen.

In einer solchen Situation ist es fast unmöglich, nicht von sich selbst enttäuscht zu sein, und das sind Gefühle, die sich hartnäckig in deinem Kopf festsetzen werden. Nach einer solchen Situation können diese Gedanken für Wochen, Monate oder sogar Jahre in deinem Kopf herumschwirren. Wenn sie deine Denkweise beeinflussen, sinken deine Selbstachtung und dein Selbstwertgefühl, und das wird zu der Energie, die du ins Universum aussendest.

Letztendlich könnte es eine Million Variablen geben, weshalb deine Erwartungen nicht erfüllt wurden, und viele davon mögen nicht einmal deine Schuld gewesen sein, aber die Situation ist passiert, und jetzt bist du in diesem Raum zurückgeblieben, gefüllt mit negativer, enttäuschter Energie. So beginnt das Gesetz der Anziehung mit dieser Energie zu arbeiten, und du gerätst in eine Abwärtsspirale.

Das gilt natürlich nicht nur für einen Sportler, sondern für jeden, der einen Job hat oder einen Traum verwirklichen will. Es könnte sich auf deine Beziehungen, deine Familie oder deine Gesundheit beziehen. Darauf gehen wir später noch ein bisschen genauer ein, aber es könnte sogar so etwas sein wie während einer Diät eine Pizza zum Mitnehmen zu holen, was dich auf denselben Denkweg bringt.

Die Lösung für den Pygmalion-Effekt ist einfach. Wenn du willst, dass jemand eine bessere Leistung erbringt als sonst, ändere deine Erwartungen, indem du dich auf die Zeiten konzentrierst, in denen er erfolgreich war. Das reicht zwar nicht aus, um deine Erwartungen komplett zu verändern, vor allem, wenn die Erfahrung zeigt, dass du vorsichtig sein musst, aber es gibt dir etwas Positives, auf das du dich konzentrieren kannst.

Genau wie das Gesetz der Anziehung lässt sich der Pygmalion-Effekt auf die Aussage reduzieren: "Mit einer positiven Einstellung wirst du auch ein positives Ergebnis erzielen."

Der Golem-Effekt

Genau wie der Pygmalion-Effekt ist auch der Golem-Effekt ein soziales Phänomen mit einem ähnlichen Grundkonzept: Du ziehst an, was du denkst. Der Golem-Effekt besagt, dass eine Person, die negative Gedanken oder Erwartungen in Bezug auf die Leistung (oder fehlende Leistung) einer anderen Person hegt, wahrscheinlich scheitern wird. Sehr ähnlich, aber nicht dasselbe.

Während der Pygmalion-Effekt auf Gedanken über dich selbst oder andere angewendet werden kann, bezieht sich der Golem-Effekt darauf, wie du deine Gedanken ausdrückst und wie du die Energie anderer beeinflusst. Das sieht man zum Beispiel häufig in der Politik und bei Debatten, in denen Kandidaten versuchen, die Öffentlichkeit davon zu überzeugen, dass ihr Gegner nicht in der Lage ist, etwas zu bewältigen, z. B. ein Amt zu übernehmen oder sich um ein bestimmtes Thema zu kümmern.

Mit anderen Worten: Wenn Menschen oft genug hören, dass Kandidat A für diese Stelle nicht qualifiziert ist, beginnen sie zu erwarten, dass Kandidat A scheitern wird. Das ist die Macht der

Affirmationen.

Dies ist in Schulen, Hochschulen und Universitäten, in familiären und romantischen Beziehungen, zwischen Freunden, am Arbeitsplatz usw. immer wieder zu beobachten. Aus diesem Grund lieben die meisten Menschen einen guten Film über einen Underdog. Auf einer persönlichen Ebene ist es inspirierend zu sehen, wie die Hauptfigur den Erwartungen trotzt und trotz der negativen Energie, die sie von allen um sie herum erhält, erfolgreich ist. Ihr Glaube an sich selbst überwiegt bei weitem die negativen, einschränkenden Schwingungen ihrer Umgebung.

Kürzlich besuchte ich meinen Onkel und meine Tante zum Weihnachtsessen in der Familie, und wir unterhielten uns über Gesundheit und Ernährung. Mein Onkel ist Diabetiker und versucht abzunehmen, und er und meine Tante zankten sich beide darüber, wie sie versucht hatten, ihre Ernährung umzustellen.

"Das werde ich. Ich werde bis zum Ende des nächsten Jahres 5kg abnehmen", sagte mein Onkel mit Nachdruck.

"Nein, wirst du nicht, das hast du letztes Jahr auch gesagt, und du hast zugenommen. Das glaube ich nicht", antwortete meine Tante.

"Nein, ich werde es tun. Du wirst schon sehen."

Es war ein interessantes Gespräch zu beobachten. Es waren zwei gegensätzliche Kräfte am Werk, und es kommt darauf an, wessen Glaube die gewünschte Realität manifestieren wird. Wenn mein Onkel auf meine Tante hört und die Schwingungsenergie aufnimmt, die sie ins Universum schickt, wird er nicht abnehmen.

Wenn er jedoch stark genug an sich selbst glaubt, wird er durch die Kraft des Gesetzes der Anziehung, auf das wir später in diesem Buch eingehen werden, Erfolg haben. Das ist die Art von Kraft, mit der wir arbeiten.

Mit diesen Auswirkungen im Hinterkopf und einem solideren Verständnis des Gesetzes der Anziehung können wir erkennen, dass Energie ähnliche Energie anzieht. Das ist die Grundlage für diesen Prozess. Die Energie, die du durch deine Gedanken, deine Handlungen und deine Entscheidungen in die Welt aussendest, ist die Energie, die du zurückbekommst, und sobald du dies verstanden hast, kannst du beginnen, die Kontrolle zu übernehmen.

Das bedeutet, die ausgesendete Energie zu kontrollieren und damit auch die Energie zu kontrollieren, die du zurückbekommst. Es geht darum, dein Leben bewusst zu gestalten. Du wirst anfangen, Möglichkeiten zu sehen, die du vorher nicht gesehen hättest; Dinge, die dir helfen können zu bekommen, was du willst.

DRITTES KAPITEL

Definition der Sieben Gesetze der Anziehung

Du erschaffst deine Gedanken, deine Gedanken erschaffen deine Absichten, und deine Absichten erschaffen deine Realität.
- Wayne Dyer

Die Fähigkeit, deinen Geist für die Anziehung dessen, was du willst, mit dem Universum zu synchronisieren, ist eine mächtige Fähigkeit, aber es ist unmöglich, sie in die Praxis umzusetzen, wenn du nicht weißt, wie sie funktioniert.

Obwohl es Hunderte von Büchern zu diesem Thema gibt, ist es wichtig zu wissen, dass es nur sieben Grundgesetze der Anziehung gibt. Diese Gesetze dienen als Grundlage für alles andere. Sie sind das Ergebnis jahrelanger Studien und Forschungen in den Bereichen Quantenmechanik, Psychologie, Metaphysik und anderen Disziplinen und bilden eine solide Grundlage, auf der das übrige Wissen aufgebaut werden kann.

Gesetz Nr. 1 - Das Gesetz der Manifestation

Bewusst leben ist eine Entscheidung. Es ist eine Entscheidung, dein Bewusstsein achtsam in den gegenwärtigen Moment zu bringen, und gibt dir die einzigartige Gelegenheit zu sehen, was geschieht, und daher zu priorisieren, worauf du dich konzentrierst und in welche Richtung du dein Leben lenkst.

Das Gesetz der Manifestation beruht auf dem Konzept, dass alle manifestierte Realität im Universum mit einem Gedanken beginnt. Das kann ein bewusster Gedanke sein oder ein unbewusster Gedanke, der in deinem Kopf herumschwirrt, manchmal ohne dass du es merkst.

Unabhängig davon, woher dein Gedanke kommt, hat er das Potenzial, sich durch das Gesetz der Anziehung in deinem Leben zu manifestieren.

Alles, was du in deinem Leben siehst, begann als eine Idee, und hier ist ein einfaches Beispiel, um das zu beweisen.

Wie würdest du vorgehen, um einen Apfel zu manifestieren?

Zuerst musst du dich entscheiden, dass du dir einen Apfel wünschst. In diesem Beispiel spielt es keine Rolle, ob du dich für einen leckeren roten Apfel oder einen grünen entscheidest, denn in Wirklichkeit entscheidet nicht, wie sehr der Apfel Apfel ist, ob er Wirklichkeit werden kann oder nicht. Du hast dich einfach entschieden, dass du einen Apfel willst.

Du hast also diesen ersten Gedanken gehabt und damit diese Energie in die Welt hinausgeschickt. Damit beginnst du einen dreistufigen Prozess.

Der erste Schritt besteht darin, eine klare Vorstellung davon zu haben, was du willst. Wenn du dir nicht zu 100 % darüber im Klaren bist, was du willst, wirst du nicht in der Lage sein, die nötigen Schwingungen auszusenden, um es zu manifestieren. Je mehr du dir über dein Ziel im Klaren bist, desto genauer wirst du es in die Tat umsetzen können.

Im zweiten Schritt geht es darum, eine klare Vision oder Vorstellung davon zu haben, wo und wie du diesen Apfel sehen willst. Wenn es im ersten Schritt um das Was geht, geht es im zweiten Schritt um das Wann und das Wie.

Du musst darüber nachdenken, in welchen Dimensionen er existiert - ist es ein Bild auf deinem Computerbildschirm, ein echter Apfel, den du anfassen und in der Hand halten kannst, oder ein Apfel, der in deiner Vorstellung existiert? Auf diese Weise kannst du deinen Wunsch genauer definieren und genauer manifestieren.

Visualisiere deinen Wunsch deutlich. Hier kommt die Kraft der Visualisierung ins Spiel. Je klarer du deine Wünsche formulieren kannst, desto mehr wird das Gesetz der Anziehung zu deinen Gunsten wirken.

Dazu später mehr, aber jetzt konzentriere dich erst einmal auf deine Sinne. Konzentriere dich auf so viele Details wie möglich. Wie fühlt es sich an? Wie schmeckt es? Woher wird es kommen?

Im dritten Schritt musst du daran glauben, dass deine Gedanken Wirklichkeit werden können. Du musst wirklich daran glauben, dass das, was du siehst, das Potenzial hat, Wirklichkeit zu werden. Wenn du so viel Zeit und Energie damit verbringst, über die Manifestation eines Apfels in deinem Leben nachzudenken, dir dann aber sagst: "Ach, was bringt das? Das wird nie passieren." Natürlich wird es dann nicht passieren, denn dein Gedanke überlagert jetzt deinen Wunsch nach einem Apfel.

Dies ist das Gesetz der Manifestation.

Gesetz Nr. 2 - Das Gesetz des reinen Verlangens

Das Gesetz des reinen Verlangens besagt, dass du das in dein Leben hineinziehst, worauf du dich intensiv konzentrierst, egal ob diese Gedanken positiv oder negativ sind. Im positiven Sinne bedeutet dies, dass du - wenn du dich lange genug auf etwas konzentrierst - es in deinem Leben manifestieren wirst. Im negativen Sinne bedeutet dies, dass du - wenn du dich ständig obsessiv mit etwas oder jemandem beschäftigst - auch das in deinem Leben manifestieren wirst, im Guten wie im Schlechten.

Damit das Gesetz der Anziehung für dich funktioniert, musst

du ein reines Verlangen nach dem haben, was du manifestieren willst. Das heißt, wenn du etwas anstrebst, das du nicht wirklich willst oder an das du nicht glaubst, dann wird es sich nicht manifestieren. Du willst es einfach nicht stark genug.

Hier missverstehen viele Menschen das Gesetz des reinen Verlangens. Sie glauben, dass Anziehung nur möglich ist, wenn ihr Ziel so groß und überwältigend ist, dass es alle ihre Gedanken beherrscht. Denk an Ziele wie Neujahrsvorsätze, bei denen die Menschen hoffen, dass sie einen neuen Aspekt in ihr Leben einführen können, der es für immer verändern wird.

Das Problem dabei ist, dass solche Ziele in der Regel groß und allgemein sind. Sie sind nicht spezifisch genug, um klar zu erkennen, wie man sie erreichen kann oder welche kleinen Schritte täglich unternommen werden müssen.

Das führt dazu, dass die Menschen ständig nur Pläne schmieden, ohne wirklich etwas zu unternehmen. Ein großes Ziel zu haben ist nur ein Wunsch. Eine Fantasie. Ein Traum. Er ist nicht stark genug, um zum Handeln anzuregen, sodass der Wunsch sich nie manifestiert.

Reines Verlangen bedeutet etwas nicht nur zu wollen, sondern dieses Verlangen über alles andere zu stellen. Wenn du dir etwas so sehr wünschst, aber dann denkst: "Oh, meine Eltern werden nicht wollen, dass ich diesen Weg einschlage..." oder "Oh, ich glaube nicht, dass ich genug Geld haben werde, um diese Idee zu verwirklichen", dann suchst du nach Ausreden, und deshalb wird es sich nicht manifestieren.

Du musst dir das, was du willst, so sehr wünschen, dass dir nichts im Wege steht. Nichts wird dich zurückhalten. Du suchst vielleicht zunächst Ausreden, aber die werden schnell verworfen, weil du in deiner Seele weißt, dass du einen Weg finden wirst - koste es, was es wolle. Du hast keine Angst, nach diesen Wünschen zu suchen, und keine Angst, in einer Realität zu leben, in der es das gibt.

Du glaubst, dass du dessen würdig bist, was du willst, und dass du verdienst, was du dir wünscht. Dies ist das Gesetz des reinen Verlangens.

Das Gesetz des empfindlichen Gleichgewichts

Das Gesetz des empfindlichen Gleichgewichts ist eines der grundlegenden Gesetze, aber es bleibt oft ungenannt. Dieses Gesetz besagt, dass du zurückbekommst, was du hineingesteckt hast - nicht mehr und nicht weniger. Es ist das Yin und Yang des Gesetzes der Anziehung. Alles im Leben muss immer im Gleichgewicht sein, auch wenn es Zeit braucht, bis es sich manifestiert.

Es ist ein Gesetz, das sicherstellt, dass du in der Lage bist, deine Ziele nachhaltig zu manifestieren, dass du geerdet bleiben

kannst und dass du in der Lage bist, dein Leben richtig zu leben.

Um das zu verdeutlichen, stellen wir uns vor, du konzentrierst deine Aufmerksamkeit darauf, deine Traumkarriere zu verwirklichen. Ein Beispiel wäre, dass du die Verfolgung der Verwirklichung deiner Traumkarriere aufnimmst.

Sobald die Idee deinem Traum zu folgen da ist, kannst du damit beginnen, sie zu verwirklichen. In diesem Fall bedeutet das, hart zu arbeiten und die richtigen Entscheidungen zu treffen und berufliche Chancen zu ergreifen, wenn sie sich zur rechten Zeit bieten. Irgendwann muss man allerdings auch Opfer bringen.

In dieser Zeit der harten Arbeit kann es jedoch leicht passieren, dass andere Lebensbereiche bei der Verfolgung dieses Ziels aus dem Gleichgewicht geraten. Um es kurz zu machen: Das Gesetz des empfindlichen Gleichgewichts trägt dazu bei, dass du nicht in eine Spirale gerätst und alles verlierst.

Du könntest z. B. anfangen, lange im Büro zu arbeiten, aber du opferst andere wichtige Aspekte deines Lebens, indem du z. B. nicht isst, schläfst, soziale Kontakte pflegst oder dich ausreichend bewegst.

Mit der Zeit wirst du dich ungesund und einsam fühlen und Gefahr laufen, psychische Probleme zu entwickeln. Aufgrund dieser negativen Energie wird dein ursprüngliches Ziel immer weiter von dir fortgeschoben, weil du all diese negativen Dinge anziehst. Wenn du zum Beispiel hart arbeitest und dir ständig sagst: "Oh je, ich bin so müde und ausgebrannt", wirst du genau das manifestieren, und dein ursprünglicher Traum von der

Erfüllung deines Karriereziels wird in weite Ferne rücken, weil du anfängst, dich darüber zu ärgern, wie du dein Leben führst.

Das Gesetz des empfindlichen Gleichgewichts sorgt dafür, dass deine Wünsche zum richtigen Zeitpunkt erfüllt werden, und zwar auf natürliche Weise und ohne zusätzliche Anstrengung deinerseits. In dem Fall, dass du lernen musst, dich um sich selbst zu kümmern und Arbeit und Freizeit in Einklang zu bringen, sorgt dieses Gesetz dafür, dass du dein Ziel erst erreichst, wenn du in der Lage bist, voriges erfolgreich zu tun.

Das Gesetz der Anziehung wirkt in dir, und es wird dir nicht erlauben, dein Endziel zu erreichen, nur um es dann wegzuwerfen, weil du nicht die Fähigkeiten besitzt, es aufrechtzuerhalten.

Das Gesetz des Magnetismus

Das Gesetz des Magnetismus besagt, dass Menschen, Ereignisse und Situationen durch deine Gedanken zu dir gezogen werden. Gedanken, die in Resonanz mit dem stehen, was du manifestieren willst, werden nach diesem Gesetz verstärkt, während diejenigen, die nicht in Resonanz stehen, aus deiner Realität verdrängt werden.

Wenn du zum Beispiel jemanden treffen willst, der dich zum Lachen bringt, wird dies durch das Gesetz des Magnetismus verstärkt und führt in deiner Realität zu Situationen, in denen dich Menschen zum Lachen bringen (oder es zumindest versuchen).

Deshalb ist es wichtig, sich auf das zu konzentrieren, was es Gutes in deinem Leben gibt, denn dann fühlst du dich besser und kannst noch mehr gute Dinge in dein Leben ziehen.

Bestimmte Gesetze regulieren die physische Welt, so wie geistige Gesetze unsere Gedanken regulieren. Das Gesetz des Magnetismus befasst sich mit Dingen, die in dein Leben treten und scheinbar zufällig geschehen. Dazu gehören Menschen, denen du noch nie begegnet bist und die dir ihre Hilfe anbieten, Gelegenheiten, die scheinbar aus dem Nichts auftauchen, und scheinbar zufällige Ereignisse, die dein Leben verändern.

Im Universum gibt es keine Zufälle, und alles ist miteinander verbunden. Das gilt auch für deine Verbindung zu anderen Menschen, die Tausende von Kilometern entfernt sind und dir völlig fremd sind. Du kannst nie wissen, wo oder wann eine Person in dein Leben treten wird - es könnte durch das Gesetz des Magnetismus geschehen, auch wenn es doch zufällig erscheint.

Das Gesetz des Magnetismus ermöglicht es dir, zu sehen, wie alle Teile zusammenkommen und Ereignisse, Menschen und Erfahrungen in dein Leben einfließen, um dir mehr Glück zu bringen als je gedacht. Du kannst dieses Prinzip nutzen, um Möglichkeiten zu finden, bei denen es um Geld geht, aber das ist noch nicht alles.

Viele Menschen konzentrieren sich auf Geld, aber das Gesetz des Magnetismus kann mehr als nur Euros und Cents in dein Leben bringen. Du kannst auch sehen, wie sich deine Gesundheit durch dieses Gesetz verbessert. Alles hängt miteinander zusammen - je besser deine Gesundheit ist, desto besser ist dein Leben. Ein gesunder Körper erzeugt einen gesunden Geist, der positive Menschen und Umstände in dein Leben zieht.

Wenn du eine Pechsträhne hattest, kann dir das Gesetz des Magnetismus helfen, herauszufinden, warum das so ist. Wenn du herausfinden kannst, was die Ursache deiner Probleme ist, wird es viel einfacher, sie zu lösen.

Das Gesetz des Überflusses

Während das Gesetz des empfindlichen Gleichgewichts besagt, dass du bekommst, was du hineinsteckst (nicht mehr und nicht weniger) und dass alle Bereiche deines Lebens im Gleichgewicht sein müssen, besagt das Gesetz des Überflusses, dass du unabhängig davon, wonach du strebst, immer genug haben wirst, und dass es mehr als genug für alle gibt.

Wenn du dich für ein Haus am Meer entscheidest, sorgt das Gesetz der Fülle dafür, dass du alle deine Bedürfnisse befriedigen kannst, auch wenn du noch kein Haus am Meer hast. Die meisten Menschen interpretieren das so, dass sie mit dem zufrieden sein sollten, was sie bereits haben, aber das stimmt nicht ganz.

Das ist wichtig, weil du vielleicht Ausreden findest, um Dinge in deinem Leben nicht zu tun. Du sagst vielleicht, dass du keinen Bestseller schreiben kannst, weil so viele andere das schon tun. Du kannst kein Leistungssportler werden, weil es Leute gibt, die schneller sind als du. Du kannst die Beförderung nicht bekommen, weil so viele deiner Kollegen sich schon beworben haben.

Wenn du solche Sätze sagst wie "Ich bekomme die Beförderung nicht", dann wirst du sie auch nicht bekommen, denn das ist die Energie, die du aussendest, und das Gesetz der Anziehung wird entsprechend reagieren. Du kannst jedoch dafür sorgen, dass du dir diese Aussagen nicht einflößt, indem du auf das Gesetz der Fülle vertraust, das dafür sorgt, dass es mehr als genug Erfolg, Geld, Ruhm, Liebe, Frieden, Glück und so weiter für alle gibt.

Nur weil jemand anderes etwas hat, heißt das nicht, dass es für dich weniger davon gibt, aber wenn du glaubst, dass es nicht genug gibt, dann ist das die Realität, die du manifestieren wirst.

Das ist ein geniales Gesetz um sicherzustellen, dass du nicht in einer Denkweise von "Hey, alle anderen sind erfolgreich, also ist es bei ihnen, und ich kann es nicht mehr haben" festhängst. Wir alle haben Zugang zu allem, was wir wollen, zu unseren eigenen Formen des Erfolgs auf unsere eigene Weise. Es geht nur darum, die Hand auszustrecken und sie zu ergreifen, anstatt jemand anderem die Schuld für unseren Mangel zu geben.

Das Gesetz des expandierenden Einflusses

Ist es nicht so, dass jeder ein wenig mehr Freundlichkeit in seinem Leben gebrauchen könnte? Diese Idee verkörpert dieses Gefühl. Der Schmetterlingseffekt ist mit dem Gesetz des wachsenden Einflusses verwandt, nur dass er mehr auf Wohlwollen anwendbar ist.

Das Gesetz der Einflussausweitung geht davon aus, dass eine einfache freundliche Geste einer Person Hunderte von anderen Leuten in der Kontaktkette beeinflussen kann. Es ist der Gedanke, dass diese eine freundliche Geste eine enorme Wirkung haben kann.

Lass mich dir ein Beispiel geben. Stellen wir uns vor, eine Frau geht die Straße entlang und begegnet einer anderen Frau, die ein wunderschönes Kleid trägt. Sie macht der Frau ein Kompliment für ihr schönes Kleid, und diese bekommt dadurch bessere Laune. Da sie nun besser gelaunt ist, behandelt sie ihren Chef etwas freundlicher, und dieser wiederum behandelt seine Angestellten besser.

Die Mitarbeiter sind besser gelaunt und gehen sanfter mit ihren

Familien um, wenn sie nach Hause gehen. Die unverfängliche Bemerkung der Frau hat nun Dutzende von Menschen beeinflusst! Stelle dir vor, dass sie an diesem Tag fünf weiteren Personen ein Kompliment macht, wodurch sich die Freundlichkeit noch weiter ausbreitet! Dies ist eine Kettenreaktion oder ein Schmetterlingseffekt.

Auch das Gegenteil ist der Fall. Stell dir folgendes Szenario vor: Es ist ein regnerischer Tag, und ein Mann hat seinen Regenschirm vergessen, also macht er beim Einsteigen in den Bus den Busfahrer herunter. Der Fahrer ist nun schlecht gelaunt, und jeder, der in den Bus ein- oder aussteigt, wird etwas weniger höflich behandelt. Jeder, mit dem er in Kontakt kommt, hat nun schlechte Laune oder ist zumindest nicht mehr so freundlich. Sie gehen alle in die Welt hinaus und verbreiten diese Negativität, und der Kreislauf setzt sich fort, bis jemand die Kette unterbricht und es ermöglicht, ein positiveres Bild auf andere zu projizieren.

Ich behaupte nicht, dass es der Menschheit schadet, wenn dir jemand etwas Komplizierteres als gewöhnlich in die Hand drückt, aber es hilft der Menschheit sicherlich auch nicht. Und wer weiß, vielleicht entwickelt sich diese Melancholie zu etwas Größerem als nur zu schlechter Laune. Was, wenn sie zu Gewalt in der Familie beiträgt oder einem jungen Menschen eine schreckliche Lektion erteilt? Menschen sind beeinflussbar, und wir werden mehr von unserer Umgebung beeinflusst, als uns vielleicht bewusst ist. Da die Welt immer ein wenig mehr

Freundlichkeit gebrauchen könnte, schlage ich nur vor, freundlich zu sein. Du weißt nie, welche Auswirkungen das auf jemanden haben kann.

Das Gesetz der Synchronisation

Das Gesetz der Synchronisation besagt, dass du Dinge, Ereignisse und Menschen in deinem Leben anziehst, die in Resonanz mit deinen inneren Schwingungen stehen. Es bedeutet, dass die Schwingungen, die du in dir trägst und die du in das Universum aussendest, diejenigen anziehen, die mit diesen Frequenzen synchronisiert sind. Dies baut einfach auf dem auf, was ich bereits behandelt habe, der Prämisse, dass Gleiches Gleiches anzieht. Dies ist das Gesetz, das dafür sorgt, dass dies geschieht.

Wenn du dich zum Beispiel glücklich, zuversichtlich und enthusiastisch fühlst, wird sich deine Schwingung mit diesen Gefühlen synchronisieren und Situationen mit ähnlichen Gefühlen anziehen. Infolgedessen werden deine Erfahrungen erfüllender und angenehmer sein, und du wirst dich mit anderen verbinden, die das Gleiche fühlen.

Theoretisch könntest du versuchen, deine Gefühle zu ignorieren, aber das könnte wiederum dazu führen, dass du das blockierst, was du manifestieren willst. Angenommen, du bist wütend auf deinen Chef, tust aber so, als sei alles in Ordnung und ignorierst deine Gefühle, weil du weiter hart arbeiten willst, um deinen Traum vom beruflichen Erfolg zu erfüllen.

Wenn du dich jedoch über deinen Chef ärgerst, kann das ein Zeichen dafür sein, dass du dir einen anderen Job suchen solltest, und an diesem neuen Arbeitsplatz wirst du schließlich beruflich erfolgreich sein. Wenn du deine Gefühle ignorierst, ignorierst du deinen vorbestimmten Weg und verhinderst so, dass sich dein Erfolg manifestiert.

Wenn du auf dein Unterbewusstsein hörst, deine Gefühle und Emotionen akzeptierst und präsent bleibst, kannst du dich darauf einstellen, wie du dich wirklich fühlst, und deinem Weg zur Manifestation dessen, was du dir wünscht, folgen.

Die Natur ist ein Paradebeispiel für Gleichgewicht. In der Natur herrscht eine perfekte Synchronisation - jedes Lebewesen steht im Morgengrauen auf und geht in der Abenddämmerung schlafen und wird dann ersetzt durch nachtaktive Tiere. Pflanzen und Tiere wachsen und vermehren sich in bestimmten Intervallen, die alle miteinander synchronisiert sind.

Die Winde am Äquator tragen beispielsweise den Staub aus der Sahara in den Dschungel des südamerikanischen Amazonas und düngen den Boden, auf dem neue Pflanzen wachsen können. Auf globaler Ebene ist der Planet im Gleichgewicht. Selbst Kometen und Asteroiden, die in den letzten Millionen von Jahren auf die Erde gestürzt sind, enthielten Mineralien, aus denen unser Planet heute besteht. Das Universum ist im

Gleichgewicht.

Eines der besten Dinge, die du tun kannst, ist, auf die Zeichen und Verbindungen um dich herum zu achten. Achte auf die Synchronisation in deinem täglichen Leben. Das geht am besten, wenn du deine Umgebung bewusster wahrnimmst. Je bewusster du dich verhältst, desto leichter wirst du finden, was du im Leben willst, denn alles ist miteinander verbunden - wie ein großes Puzzle oder Spiel, das wir alle zu lösen versuchen.

Wenn du erkennst, dass alles ein Teil von dir ist, beginnst du zu verstehen, warum die Dinge geschehen. Du wirst auch sehen, wie leicht deine Gedanken und Gefühle die Welt um dich herum beeinflussen. Es ist auch wichtig zu wissen, dass jedes Lebewesen seine eigene individuelle Frequenz hat - eine einzigartige Reihe von Schwingungen.

Denke an einen Radiosender und wie er auf einer bestimmten Frequenz sendet. Du kannst dich auf dieser Frequenz einschalten oder nicht. Genau das passiert, wenn die Menschen sich auf deine Frequenz "einschalten" - sie empfangen dein Signal. Wenn sie deine Frequenz aufgreifen, wirst du ein Teil ihres Lebens.

Das Gesetz des Handelns aus Gewissensgründen

Das Gesetz des gewissenhaften Handelns besagt, dass "wir das in unser Leben ziehen, was wir erschaffen wollen". Dies ergänzt die anderen Gesetze, insbesondere das Gesetz des reinen Verlangens.

Die meisten Menschen wenden dieses Gesetz auf ihr persönliches Wachstum und ihre Entwicklung an, aber es kann auf alles angewendet werden. Wenn du dir etwas Neues in deinem Leben wünschst - sei es ein neues Haus oder Auto, gesunde Beziehungen, bessere Finanzen, mehr Anerkennung bei der Arbeit usw. - entscheidet wie sehr du bereit bist dich dafür einzusetzen darüber, ob du es in deinem Leben haben wirst oder nicht.

Du kannst nicht etwas in deinem Leben anziehen, für dessen Erschaffung du dich nicht genug einsetzt. Wenn du etwas wirklich willst, musst du dich zu 100 % dafür einsetzen, es in deinem Leben zu erschaffen, zu 100 % dazu verpflichtet sein, Maßnahmen zu ergreifen, und 100 % geben, es durchzuziehen. Aus diesem Grund habe ich im vorigen Gesetz erwähnt, dass du deine Gefühle nicht ignorieren darfst.

Wenn du wütend auf deinen Chef bist und deinen Job aufgeben willst, ist dies der Weg, den du einschlagen musst, um in deiner Karriere erfolgreich zu sein. Aber dieses Gesetz besagt, dass du vollkommen bereit sein musst, dies zu tun.

Wenn du nicht engagiert bist und nicht manifestieren kannst, was du willst, wirst du frustriert sein und glauben, dass das Gesetz der Anziehung nur Schwindel ist. Was jedoch wirklich passiert, ist, dass du es nicht genug gewollt hast und nicht engagiert genug warst, es zu manifestieren, so dass das Gesetz der Anziehung stattdessen deinen Mangel an Engagement manifestiert hat.

Das wirft die Frage auf: Was bestimmt das Engagement?

Je mehr du mit einer Sache emotional verbunden bist, desto mehr engagierst du dich für sie. Wenn du etwas mit Emotionen verbindest, zeigst du damit, dass es wichtig genug ist, um eine emotionale Reaktion von dir zu rechtfertigen, die ein stärkeres Engagement deinerseits erfordert.

Wenn du zum Beispiel Fotograf werden willst, brauchst du eine DSLR-Kamera, um damit anzufangen. Diese neuen Kameras kosten jedoch mehrere hundert Dollar pro Stück, und das ist eine ziemlich große Investition. Du hast vielleicht ein paar Ideen für ein günstiges Modell, entscheidest dich dann aber doch für ein paar neue Computerspiele oder ein neues Auto.

Weil du Entscheidungen triffst, um andere Dinge zu kaufen, arbeitest du nicht gewissenhaft auf dein Ziel hin, und deshalb werden sich deine Träume, Fotograf zu werden, nicht erfüllen. Du könntest versuchen, eine gebrauchte Kamera zu finden, aber wenn du nicht über diese Optionen nachdenkst, ergreifst du keine Maßnahmen, und nichts wird sich manifestieren.

Ein anderes Beispiel wäre der Wunsch nach einem neuen Haus. Du besichtigst ein paar Häuser, aber alle haben Mängel und du findest immer wieder kleine Ausreden. Vielleicht siehst du ein

Haus, das noch ein paar Schönheitsreparaturen braucht, bevor du es beziehen kannst, und du fühlst dich entmutigt und fängst an, andere Optionen in Betracht zu ziehen. Wenn das passiert, ist deine emotionale Bindung an das Haus nicht stark genug, sodass du dich nicht auf einen Kauf einlässt.

Wenn du hingegen engagiert bist, zeigt sich das in der Energie, die du in das Universum aussendest. Du willst ein neues Auto so sehr, dass deine Emotionen alles daran bestimmen - wie es aussieht, wie schnell es fährt, die Farbe, die Art des Treibstoffs usw. Wenn du diese Ebene von Emotionen mit irgendetwas in deinem Leben verbindest, verpflichtest du dich zu 100 % der Erschaffung dieser Sache,

Je mehr du mit einer Sache emotional verbunden bist, desto stärker ist dein Engagement, sie in deinem Leben zu haben. Dieses Engagement treibt dich an, bewusst zu handeln, um deine Wünsche zu verwirklichen.

Das ist ein wichtiger Teil des Gesetzes der Anziehung, und wenn du es beherrschst, kannst du so viel erreichen. Natürlich musst du in der Lage sein, deine emotionale Bindung zu den Dingen, die du dir wünschst, zu verstärken. Genau das wirst du mit einigen der besprochenen Strategien erreichen, wie z. B. Visualisierung und Affirmationen, sowie mit einigen der anderen Strategien, die in den späteren Kapiteln behandelt werden.

Wenn du all diese Gesetze miteinander kombinierst, solltest du eine klare Vorstellung davon haben, welche Elemente sich hinter dem Oberbegriff "Gesetz der Anziehung" verbergen, wie die einzelnen Elemente funktionieren und wie du durch die Veränderung deines Fokus alles verändern kannst, was du verändern willst - und damit die vollständige Kontrolle über die Richtung deines Lebens erhältst.

VIERTES KAPITEL

Erklärung der Schwingungen

"Ihre persönliche Schwingung oder Ihr Energiezustand ist eine Mischung aus den kontrahierten oder erweiterten Frequenzen Ihrer Körperemotionen und Gedanken zu einem bestimmten Zeitpunkt. Je mehr du deiner Seele erlaubst, durch dich zu strahlen, desto höher wird deine persönliche Schwingung sein."
- Penney Peirce

In den vorangegangenen Abschnitten habe ich wiederholt auf "Schwingungen" hingewiesen, aber jetzt ist es an der Zeit, sich darauf zu konzentrieren, wie wichtig Schwingungen im Manifestationsprozess sind. Nach diesem Kapitel werden wir uns mit dem umsetzbaren Teil befassen, um die Kontrolle zu übernehmen und das Gesetz der Anziehung für dich arbeiten zu lassen, also lass uns zuerst untersuchen, was Schwingungen sind.

Wie arbeiten Schwingungen mit dem Gesetz der Anziehung?

Jeder Gedanke enthält eine bestimmte Schwingung. Gedanken

mit höheren Frequenzen sind leichter zu manifestieren, während Gedanken mit niedrigeren Frequenzen nicht so effektiv sind. Deine Gedanken bestimmen, wie du dich fühlst, und alles, was um dich herum geschieht, ist das Ergebnis dessen, was du in einem bestimmten Moment fühlst. Je stärker diese Gedanken sind oder je mehr sie uns in Anspruch nehmen, desto höher ist die Schwingung und desto größer ist die Chance, dass sich dieser Gedanke manifestiert.

Das Problem ist, dass so viele Menschen durch eine Gehirnwäsche zu der Überzeugung gelangt sind, dass das Leben schwierig sein soll. Ja, das Leben ist kompliziert, und es gibt viel zu tun. Im Leben gibt es Probleme oder schlechte Zeiten, aber deine Realität hängt von deiner Perspektive ab.

Es gibt eine sehr berühmte chinesische Kurzgeschichte, die in etwa so geht.

Es gab einen Bauern, dem eines Tages sein Pferd weglief. Die Dorfbewohner sagten, es sei ein trauriger Moment, aber der Bauer antwortete, vielleicht. Am nächsten Tag kam das Pferd mit sieben Wildpferden zurück, und so hatte der Bauer nun acht Pferde. Die Dorfbewohner sagten, wie erfreulich das sei, aber der Bauer sagte: "Vielleicht."

Am nächsten Tag arbeitete der Sohn des Bauern mit den neuen Pferden, und ein Pferd erschrak plötzlich, schlug um sich und trat nach dem Jungen, dessen Bein letztendlich gebrochen war. Der Junge musste dann zu Hause bleiben, um sich zu erholen. Die Dorfbewohner sagten, wie schrecklich das sei, aber der Bauer antwortete immer noch, "vielleicht".

Soldaten kamen am nächsten Tag in das Dorf, um die Jungen und Männer für den während Krieg einzuberufen. Sie kamen am Haus des Bauern vorbei und sahen den Jungen mit dem gebrochenen Bein, was bedeutete, dass er nicht eingezogen werden konnte und zu Hause bleiben musste, anstatt in den Krieg zu ziehen. Die Dorfbewohner sagten, wie erfreulich das sei. Der Bauer sagte: "Vielleicht."

Die Moral der Geschichte ist, dass dir im Laufe deines Lebens scheinbar gute und schlechte Dinge passieren werden, aber du kannst nie wirklich sagen, ob sie gut oder schlecht sind. Vielleicht verlierst du deinen Job und hast das Gefühl, dass es das Schlimmste ist, was dir passieren konnte, aber wenn du ein paar Wochen später einen Job hast, den du wirklich liebst, dann war es eine gute Sache.

So musst du anfangen, alle Aspekte deines Lebens zu betrachten.

Viele Menschen haben das Gefühl, dass es in der Welt viel Negativität gibt, und deshalb ist ihr Verstand darauf vorprogrammiert, Dinge wahrzunehmen, die diese Sichtweise unterstützen. Ich habe genau das getan. Ich habe es erlebt, und ich kenne viele Menschen, denen es auch so ging. Wir sehen es jeden Tag.

Wenn wir die Medien als Beispiel heranziehen, erfahren wir von allem Unheil in der Welt, und so sind wir darauf konditioniert nach ihm Ausschau zu halten, da es das ist, auf das sich alle anderen darauf zu konzentrieren scheinen. Außerdem ist die Suche nach dem Negativen aufgrund der Art der menschlichen Entwicklung eine Überlebenstaktik.

Wir halten instinktiv Ausschau nach Gefahren und Dingen, die uns schaden könnten, damit wir uns vor ihnen schützen können. Da wir in einer extrem vernetzten Welt leben, hören wir ständig von all den schlimmen Dingen, die in der Welt passieren.

Auf einer persönlicheren Ebene beeinflussen die konditionierten Überzeugungen, die du während deines Aufwachsens durch Eltern, Freunde und deine eigenen persönlichen Erfahrungen entwickelt hast, deine Sichtweise und Wahrnehmung der negativen Aspekte der Welt.

Wenn du nach dem Negativen in der Welt Ausschau hältst, wird dies deine Schwingungsfrequenz, und du wirst Negativität manifestieren. Gleiches zieht Gleiches an. Die Energie, die du in das Universum aussendest, ist die Energie, die du zurückbekommst.

Ich habe das in meinem Leben schon oft selbst erlebt. Ich erinnere mich, dass ich mich gegenüber einem anderen Mädchen auf der Arbeit sehr giftig verhalten habe. Ich hatte einen schlechten Tag und war ungewöhnlich gemein zu ihr, als sie versehentlich etwas von meinem Schreibtisch herunter schubste. Es war keine große Sache, und es gibt keine Entschuldigung dafür; ich habe es einfach getan, und ich war in dem Moment geistlos.

Am nächsten Tag traf ich mich mit einem neuen Kunden, der so unhöflich und furchtbar war, aber es bestand ein notwendiger Vertrag, also musste ich mich damit abfinden. Einen Tag später entschuldigte ich mich bei dem Mädchen und stellte den Sachverhalt richtig, und ich bekam die Aufsicht über einen neuen Vertrag mit einem viel netteren Kunden. Das war alles, bevor ich das Gesetz der Anziehung kannte, aber es ist ein leuchtendes Beispiel dafür, dass Gleiches Gleiches anzieht.

Stell dir vor, du verpasst den Bus oder Zug zur Arbeit und kommst zu spät. Am Ende gehst du vielleicht verbittert zur Arbeit, spielst die Gespräche mit deinem Chef und deinen Kollegen durch, übst Ausreden, überlegst, wie du deine Termine verschieben oder dein wachsendes Arbeitspensum bewältigen kannst, und andere ähnliche hypothetische Situationen.

Je mehr negative Energie du gedankenlos ausstrahlst, indem du dich auf die negativen Dinge im Leben konzentrierst, desto mehr Negativität wirst du in deinem Leben haben.

Es geht jedoch nicht nur um negative Energie, denn die gleiche Logik gilt auch für positive Schwingungen! Wenn du mit Freunden ausgehst, und ihr alle aus demselben Grund unterwegs seid, können die Schwingungen so positiv sein, dass ihr euch gegenseitig beflügelt und am Ende Nächte erlebt, die ihr nie vergessen werdet, die einfach so viel Spaß machen und so unbeschwert sind. Diese Momente in eurem Leben, in denen ihr von wunderbaren Menschen umgeben seid und ihr alle zusammen "schwingt", entstehen, weil ihr alle auf der gleichen Schwingung seid.

Das ist sicherlich der Fall, wenn du auf eine Hochzeit gehst und alle Spaß haben, während ihr die Liebe feiert, oder wenn du auf ein Konzert, einen Auftritt oder ein Festival gehst und die ganze Atmosphäre einfach so unglaublich elektrisch ist, dass du sie in dir pulsieren spürst. Das liegt daran, dass es eine so hohe Dichte an positiven Schwingungen um dich herum gibt, dass du gar nicht anders kannst, als dich darauf einzustellen. Das passiert, wenn so viele Menschen auf der gleichen Frequenz zusammenkommen, vor allem, wenn Musik im Spiel ist, die buchstäblich Frequenzen ins Universum hinausschickt.

Wenn es um positive und negative Schwingungen geht, ist das Beste, was du tun kannst, dich auf deine Gedanken einzustimmen und zu bestimmen, welche Art von Schwingungen sie aussenden.

Ich persönlich fand es so schwierig, nicht nur zu wissen, ob das, worüber ich nachdachte, positiv oder negativ war, sondern ich hatte auch nicht wirklich eine Ahnung, woran ich eigentlich überhaupt dachte. Jeder Tag war groß und kontinuierlich unscharf, und es schien als ob meine Gedanken so schnell kamen und gingen, dass ich mich nie in einem konstanten Geisteszustand befand.

Erst als ich mir die Zeit nahm, ein Tagebuch zu führen und meine Gedanken wirklich wahrzunehmen - sie zu verarbeiten und aufzuschreiben -, konnte ich genau sehen, was ich den ganzen Tag über dachte und ob ich positive oder negative Schwingungen in die Welt sandte.

Deshalb ist es so wichtig, dass du jeden Tag deine Gedanken aufzeichnest, damit du ein klares Bild davon bekommst, was in deinem Kopf vor sich geht. Wenn du die Gedanken identifizieren kannst, die sich immer wieder in deinem Kopf abspielen, dann kannst du sehen, welche Art von Energie du in die Welt hinausschickst.

Wenn also negative Gedanken aufgezeichnet werden, finde einen Weg, ihre Schwingung zu erhöhen. Sonst wirst du keine positiven Veränderungen in deinem Leben erreichen. Achte auch darauf, dass du die positiven Gedanken aufzeichnest und dich dabei auf die Dinge konzentrierst, die du dir wünscht und die dir wichtig sind, damit du sehen kannst, wo dein Geist steht.

Gehen wir der Sache genauer auf den Grund.

Positive Schwingungen

Das Gesetz der Anziehung besagt, dass positive Schwingungen Positives anziehen. Es ist wichtig, sich hieran zu erinnern, wenn du willst, dass das Gesetz der Anziehung für dich funktioniert.

Wie kannst du also dafür sorgen, dass deine positiven Schwingungen stark genug sind?

Eine Möglichkeit ist, dass du dich mit Dingen und Menschen umgibst, die dich wahrscheinlich positiv beeinflussen werden.

Es gibt viele Dinge, mit denen du dich emotional verbunden fühlst. Vielleicht hast du ein Lieblingslied oder einen Ort, der dich an ein erstes Date erinnert, als du glücklich warst. Du hast vielleicht einen Lieblingsfilm. Vielleicht hast du einen Gegenstand, der dich an einen bestimmten Ort erinnert, oder ein Geschenk, das dir ein geliebter Mensch gemacht hat.

Was auch immer es ist, diese Dinge sind die besten Optionen, um die eigene Positivität zu steigern. Du kannst auch den Prozess der Dankbarkeit nutzen, um deine positiven Schwingungen zu erhöhen, was glücklicherweise eine der einfachsten verfügbaren Methoden ist. Du kannst auch versuchen zu meditieren, um negative Gedanken und Gefühle loszuwerden, die deine Schwingungen stark beeinträchtigen.

Es sind diese positiven Schwingungen, die dir helfen werden, Erfolg in dein Leben zu bringen, und zwar nicht nur finanziellen oder beruflichen Erfolg. Was ich meine, ist, dass diese Schwingungen dir helfen werden, Menschen anzuziehen, die dein Leben besser machen und dir die Dinge geben, die du brauchst, um wirklich glücklich zu sein.

Wenn du es schaffst, in allen Bereichen deines Lebens positive Schwingungen zu leiten oder deine positiven Schwingungen zu erhöhen, wirst du dein Leben auf unglaubliche Weise verändern können. Körperlich wirst du dich besser fühlen und deshalb besser für dich sorgen, dich gesünder ernähren und mehr bewegen, und geistig wirst du die Freuden des Erfolgs und des Glücks erleben. Du wirst dich friedlicher fühlen, besser schlafen und weniger Stress in allen Bereichen deines Lebens erleben.

Wenn du anfängst, dich auf das zu konzentrieren, was in deinem Leben gut ist, anstatt ständig nach dem zu suchen, was nicht gut läuft, beginnt das Leben wirklich zu deinen Gunsten zu arbeiten.

Was sind negative Schwingungen?

Natürlich erleben wir auch negative Schwingungen, denn das Universum braucht ein Gleichgewicht. Es muss sie geben. Aber negative Schwingungen sind nicht unbedingt etwas Schlechtes. Um mein vorheriges Beispiel aufzugreifen: Du könntest deinen Job verlieren und darüber traurig sein. Vielleicht hast du sogar Angst, weil du unsicher bist was deine Zukunft bringt.

Diese Gefühle sind verständlich, aber sie verkörpern negative Schwingungen. Wenn du dich ständig auf diese Schwingungen konzentrierst und dir ständig sagst, dass du Angst vor der Zukunft hast, wirst du in einem Zustand der Angst verharren. Diese Schwingungen sind jedoch nicht unbedingt etwas Schlechtes, denn sie können dich motivieren, inspirieren und anspornen, dein Leben positiv zu verändern und die negativen Schwingungen in positive zu verwandeln. Das ist das Gleichgewicht. Negative Schwingungen werden problematisch, wenn sie dein Leben oder zumindest einige Aspekte davon einnehmen, wie es bei so vielen Menschen der Fall ist.

Negative Schwingungen sind heute so leicht zu finden, weil wir Zugang zu riesigen Informationsquellen haben. Das Internet hat es den Menschen ermöglicht, ihre negativen Gedanken in das Universum hinauszuschicken, selbst wenn sie niemanden kennen, der sie teilt oder mit ihnen in Kontakt treten würde.

Wenn du auf Twitter gehst, um dich über etwas zu beschweren, wird durch das Schreiben oder Lesen eines negativen Tweets oder Kommentars negative Energie ins Universum geschleudert, die dir das bestätigt, worüber du schreibst, und die Aussage zu deiner Realität macht. Je mehr du diese Gedanken bestätigst, desto konkreter werden sie zu deiner Realität, und du wirst feststellen, dass du immer tiefer in den Trott eines Lebens mit negativen Schwingungen gerätst. Je mehr Energie du diesen Schwingungen zuführst, desto mehr werden sie sich durchsetzen.

Die Medien, insbesondere die Nachrichten, sind eine große Quelle für Negativität, da sie sich hauptsächlich auf schlechte Nachrichten konzentrieren. Medien - vor allem solche, die sich auf Dramen, Klatsch und Tratsch, spekulative Geschichten und negative Geschichten konzentrieren - senden eine Menge negativer Energie in die Welt hinaus.

Diese Energie verbindet sich mit Menschen, die dieselbe Energie in sich tragen, und hält sie aufrecht. Das liegt daran, dass andere Menschen diese Energie spüren, was sie dazu veranlasst, negativ zu sein.

Du hast wahrscheinlich schon einmal die negative Energie der Medien gespürt, vor allem wenn du die Nachrichten liest oder oft fernsiehst. Aber die Medien und das Internet sind nicht die einzigen Quellen für negative Energie. Menschen, die mit negativen Schwingungen leben, werden diese an dich weitergeben, wenn du mit ihnen in Kontakt bleibst.

Wenn du in einer toxischen Beziehung mit einem missbräuchlichen Partner lebst, kann seine Energie die negative Energie in dir zum Gären bringen. Wenn du an einem toxischen Arbeitsplatz arbeitest, an dem die Menschen schrecklich zueinander sind und Burnout weit verbreitet ist, wirkt sich dieses Umfeld auf deine eigenen Energiefelder aus. Orte in deinem Leben, wie z. B. eine Kirche, in der ein geliebter Mensch begraben ist, oder ein Gegenstand, wie z. B. ein Geschenk eines toxischen Freundes, können ebenfalls negative Energie beherbergen, die dich beeinflussen kann, wenn du es denn zulässt.

Jeder sendet durch seine Gedanken, Worte und Handlungen Energie aus, entweder positive oder negative. Das ist das Gesetz der Anziehung, denn worauf du dich konzentrierst, das wirst du manifestieren. Du kannst keine positiven Schwingungen aussenden, wenn du nicht an sie denkst. Das Gleiche gilt für negative Energie.

Wenn du dir deiner negativen Energie nicht bewusst bist und relativ gedankenlos mit ihr umgehst, dann wirst du nichts dagegen tun können. Um das Gleichgewicht der Schwingungen zu meistern, musst du dich darauf konzentrieren, die positiven Schwingungen in deinem Leben zu bekräftigen (zumindest die, mit denen du arbeiten willst), die negativen anzuerkennen und sie als Grundlage für Veränderungen zu nutzen.

Das ist nicht leicht. Du hast vielleicht negative Gedanken, die sich seit Jahren unterbewusst festgesetzt haben. Mir ist kürzlich aufgefallen, dass ich sehr viele negative Gedanken über mein Gewicht hege. Ich sage mir ständig, dass ich mit meinem Gewicht nicht zufrieden bin und dass ich übergewichtig werde, was diesen Gedankengang nur weiterführt. Die Sprache, die ich benutze, um mein Gewicht zu beschreiben, bestätigt es, und so sorgt das Gesetz der Anziehung dafür, dass ich bin, was ich zu sein glaube.

Negative Gedanken sind oft so stark, weil die Menschen darauf konditioniert wurden zu glauben, dass sie so über bestimmte Dinge denken sollten. Zum Beispiel glauben viele Menschen, dass sie ihre Arbeit hassen sollten, anstatt einfach nur einige Aspekte der Arbeit nicht zu mögen. Wenn du an einem Ort arbeitest, an dem alle eine toxische Einstellung haben, werden niedrige Schwingungen gedeihen, und alle werden unglücklich sein, was daraufhin noch mehr Negativität in andere Bereiche ihres Lebens anzieht.

Die Schlussfolgerung daraus ist, dass du deinen Geist offen halten solltest, um herauszufinden, wo sich negative Energie in deinem Leben befindet, und anstatt sie zu deinem Hauptaugenmerk werden zu lassen - indem du ihr mehr Zeit oder Energie gibst oder dich mit ihr umgibst - solltest du sie zur Kenntnis nehmen und dein Mindset verändern, sodass du ein positives und bestätigendes Ergebnis entwickeln kannst.

Anstatt zum Beispiel jeden Tag aufzustehen und zur Arbeit zu gehen und sich einzureden, dass du sie hasst, solltest du sie aufgliedern und die Bereiche hervorheben, die dich wirklich stören.

Hasst du deinen Chef? Deine Kolleginnen und Kollegen? Hast du nicht genug Verantwortung? Ist deine Arbeit sinnvoll oder befriedigend? Ist dein Berufsfeld eines, das du gerne ausüben möchtest? Wirst du für deine Arbeit ausreichend bezahlt? Finde den Bereich in deinem Leben, der negative Energie enthält, und suche gleichzeitig nach Bereichen in deinem Job, die positive Schwingungen in dein Leben bringen.

Dieser Prozess, bei dem du deine Gedanken identifizierst und sie aufschlüsselst, um dich dann auf das zu konzentrieren, auf das du dich wirklich konzentrieren willst, ist die Grundlage für die Meisterung des Gesetzes der Anziehung.

Schau also in dich hinein und finde heraus, was du für Gedanken hast. Schreibe sie auf und sammle Ideen. Einige Quellen negativer Schwingungen sind vielleicht ganz einfach zu durchschauen. Vielleicht denkst du negativ über dein Körperbild, deine Finanzen oder deine Beziehungen. Vielleicht verbringst du viel Zeit im Internet und konsumierst Informationen, die negative Schwingungen fördern.

In manchen Fällen kannst du innerlich und durch deine Handlungen negative Schwingungen erzeugen, z.B. indem du dich mit Klatsch und Tratsch beschäftigst oder dir Sorgen über etwas machst, das noch nicht geschehen ist. Du hast vielleicht einige Traumata, die du heilen musst, oder du fühlst dich wütend, verbittert oder eifersüchtig auf andere Dinge im Leben - all das sind kraftvolle Wege, deine Schwingungen zu senken.

Es ist wichtig, sich die Zeit zu nehmen, diesen Prozess zu durchlaufen, denn viele Menschen sind sich nicht bewusst, wie sich ihre negativen Gedanken und Gefühle auf sie auswirken und wie verheerend die Folgen sein können. Negative Gedanken tragen sowohl zu greifbaren als auch zu nicht greifbaren Erscheinungen bei, z. B. zu schlechter Gesundheit, geschäftlichen Misserfolgen, toxischen Beziehungen und psychischen Problemen.

Negative Schwingungen beeinträchtigen sowohl deine körperliche als auch deine geistige Gesundheit. Dies wird von der Wissenschaft bestätigt. Körper und Geist sind untrennbar miteinander verbunden, und so ist es nicht verwunderlich, dass schlechte Stimmung körperliche Probleme wie Schmerzen, Schlafstörungen, Kopfschmerzen usw. verursachen kann. Deshalb werden wir in der Regel krank, wenn wir gestresst sind oder wenn wir traurig sind. Der Körper spiegelt den Geist wider.

Wenn du jemals einen Punkt in deinem Leben erreichst, an dem du das Gefühl hast, dass du nichts Gutes in deinem Leben hast und alles chaotisch ist, dann liegt das daran, dass du ständig negative Energie in allen Aspekten deines Lebens aufgenommen hast. Das hat im Laufe der Zeit deine Schwingungen immer weiter gesenkt, und da Gleiches Gleiches anzieht, ziehst du nur noch mehr negative Energie an. So bleibst du im Trott und in einer scheinbar nie endenden Abwärtsspirale.

Wissenschaftlich gesehen gibt es einen klaren Unterschied zwischen positiver und negativer Energie.

Es gibt zum Beispiel einen Unterschied zwischen Energiezufuhr und Energieentzug. Sich mit positiver Energie zu versorgen ist wie das Aufladen einer Batterie, sich mit negativer Energie zu entleeren ist wie das Entleeren einer Batterie. Wenn du deine gesamte Energie verbrauchst, bist du erschöpft und nicht mehr in der Lage, etwas zu tun. Es ist viel einfacher, das zu bekommen, was du willst, wenn du eine starke Energiequelle hast, also sorge dafür, dass deine Batterie voll bleibt!

Wenn du dich in diesem negativen, ausgelaugten und erschöpften Zustand befindest, fällt es dir außerdem viel schwerer, die guten Dinge in deinem Leben wahrzunehmen. Glücklich und positiv zu bleiben, wird dir schwer fallen, und du wirst Chancen und Möglichkeiten verpassen, weil du nicht in der Lage bist, sie wahrzunehmen.

Zu verstehen, wie Schwingungen funktionieren, ist unerlässlich, wenn du das Gesetz der Anziehung optimal nutzen willst.

FÜNFTES KAPITEL

Bewusste Anziehung

"Wie die Luft, die du atmest, steht dir die Fülle in allen
Dingen zur Verfügung. Dein Leben wird einfach so gut sein,
wie du es zulässt."
- Abraham Hicks

Bewusste Anziehung ist ein Begriff, der die Idee beschreibt, das Gesetz der Anziehung in deinem Leben richtig anzuwenden. Über das Gesetz der Anziehung zu lesen ist wichtig, aber wenn du seine Kraft nutzen und dein Leben in die gewünschte Richtung lenken willst, musst du deine Gedanken und Handlungen bewusst einsetzen.

Die Wahrheit ist, dass das Gesetz der Anziehung ständig auf dein Leben einwirkt. Die Energie, die du in das Universum aussendest, ist die Energie, die du zurückbekommst, ob du das nun absichtlich tust oder nicht. Wenn du gedankenlos durch das Leben gehst, wird die Energie, die du anziehst, dramatisch schwanken. Wenn du bewusst mit dem umgehst, was du in das Universum aussendest, wirst du bewusster mit der Energie umgehen, die du zurückbekommst, und mit deiner Schwingungsfrequenz.

Stell dir vor, du bist mit deinem Job unzufrieden und versuchst, etwas dagegen zu tun - mehr Geld zu verdienen, befördert zu werden, einen Job zu finden, mit dem du wirklich glücklich bist, mit Kollegen und Vorgesetzten umzugehen und so weiter. Was auch immer das Problem ist, du versuchst, einen Ausweg zu finden und einen neuen Geisteszustand zu erreichen.

Wie ich bereits erwähnt habe, gibt es einige Gründe, warum du von dem Gesetz der Anziehung vielleicht nicht das bekommst, was du willst. Das kann daran liegen, dass du es nicht vollständig verstehst, oder du könntest dein Glück unterbewusst mit deinen Gedanken blockieren.

Angenommen, du arbeitest an einem Projekt und findest deine Kolleginnen und Kollegen nervig, weil sie sich nicht einbringen. Das kann dazu führen, dass du dich verbittert fühlst und dich unter Druck setzt, mehr zu leisten, weil du willst, dass das Projekt gut läuft. Diese Verbitterung gegenüber deinen Kolleginnen und Kollegen führt jedoch dazu, dass du verbitterte und verärgerte Schwingungen in das Universum aussendest, so dass du schnell auch auf einem verbitterten und verärgerten Endergebnis sitzen bleiben wirst.

Ein anderes Beispiel könnte sein, dass du mit deiner finanziellen Situation zu kämpfen hast. Du versuchst, genug Geld aufzutreiben, um deine Rechnungen zu bezahlen, etwas zu sparen und dein Leben zu leben, aber wie du vorankommst, hängt von den Schwingungen ab, die du aussendest. Wenn du zum Beispiel etwas sagst wie: "Ich habe kein Geld und bin die ganze Zeit so am Arsch", dann ist das die Energie, die du in das Universum aussendest, und du wirst in einer Schleife landen, in der das immer wieder passiert.

Genau das ist mir passiert. Als mein Unternehmen scheiterte, sagte ich mir immer wieder, wie dringend ich Geld brauchte und wie schlecht meine finanzielle Situation war, und aufgrund meiner Formulierungen blieb ich in dieser Lage.

Nachdem ich Schritte unternommen hatte, um mich auf meine Formulierungen zu konzentrieren und die Kontrolle über meine Schwingungen zu übernehmen, z. B. an meinem Denkprozess zu arbeiten und meine Bedenken in Aussagen wie "Ich habe meine finanzielle Situation unter Kontrolle und ich lerne und verbessere mich" umzuwandeln, begann sich wirklich etwas zu ändern.

Dein Unterbewusstsein ist sehr mächtig. Es ist wie ein Magnet, der die richtigen Dinge anzieht, auch wenn du es nicht merkst. Du kannst das sehen, wenn Menschen sagen, dass sie immer wieder dieselbe Art von Partner anziehen, mit dem sie aber nicht glücklich sind. Das liegt daran, dass sie diese Art von Menschen durch ihre negativen Schwingungen unbewusst angezogen haben, und solange sie nicht merken, dass es ein Problem gibt, werden diese weiterhin in ihrem Leben auftauchen.

Wenn deine Gefühle richtig stehen und du dich mit positiven Absichten auf das konzentrierst, was du im Leben willst, beginnt das Gesetz der Anziehung für dich zu arbeiten und nicht gegen dich. Es ist wichtig, sich daran zu erinnern, wie mächtig und lohnend das Gesetz der Anziehung sein kann, wenn wir lernen, es zu beherrschen und die Verantwortung für unsere Gedanken, Gefühle und Emotionen zu übernehmen. Wenn du anfängst, bewusst zu denken und bewusst anzuziehen, was du willst, wirst du zu deinem eigenen Beweis und kannst mit dem Momentum, das du aufbaust, weiter anziehen.

Ich kann sehr ausführlich über mein eigenes Leben berichten und darüber, wie das Gesetz der Anziehung für mich funktioniert hat, so wie es viele Menschen getan haben - öffentliche Redner, Philosophen, Autoren und so weiter -, aber das bringt dich nur bedingt weiter.

Ich konnte mein Selbstwertgefühl und meine Selbstachtung von Grund auf aufbauen, indem ich die Macht der Affirmationen nutzte, also die Verwendung von Worten, um positive Schwingungen zu erzeugen. Damals, als meine Geschäftsidee scheiterte und ich wirklich in einem Trott feststeckte, war ich an einem Tiefpunkt angelangt, und es war hart, bei Freunden auf dem Sofa zu schlafen, weil ich kein Geld hatte. Es war mir peinlich, und ich wurde das Gefühl nicht los, dass ich ein Versager war. Ich hatte das Gefühl, unfähig zu sein, und nichts lief nach meinen Vorstellungen.

Natürlich waren mein Selbstvertrauen und mein Selbstwertgefühl auf dem Tiefpunkt, und ich steckte in diesem ständigen Kreislauf fest, weil ich mit meinen Gedanken und

Gefühlen des mangelnden Selbstwerts so viel Negativität manifestierte. Als ich mich jedoch auf den Weg machte, die Macht des Gesetzes der Anziehung zu meistern, stellte ich fest, dass es so viele Möglichkeiten gab, mein Denken umzukehren.

Zum Beispiel hat selbst eine so einfache Handlung wie in den Spiegel zu schauen und mir zu sagen, dass ich so einen tollen Tag haben werde, buchstäblich tolle Tage manifestiert. Anstatt in meine Gedanken vertieft zu sein, nahm ich mir die Zeit, positive Schwingungen in das Universum zu senden, und so kamen sie zu mir zurück.

Mel Robbins, Life-Coach und moderner Motivationsredner, hat vor kurzem eine neue, wissenschaftlich untermauerte Technik veröffentlicht, bei der du nach dem Aufwachen zum Spiegel gehst, dir einen Vorsatz für den Tag setzt, den du dir wünschst, und dir dann im Spiegel ein High-Five gibst. Ja, es kann sich ein wenig albern anfühlen, wenn du das zum ersten Mal machst.

Ich habe es selbst ausprobiert, und es funktioniert. Es funktioniert jeden Tag. Aber das meine ich damit, dass es so einfach ist, nur zu sagen, was mir passiert ist. Ich kann dir meine Reise schildern - und das ist offensichtlich, denn du hältst mein Buch in den Händen - aber es wird dir erst klar, wie mächtig die ganze Sache ist, wenn du es selbst erlebt hast.

Aber es liegt an dir, dies zu praktizieren. Sobald du anfängst, es selbst zu erleben, kannst du wirklich die Vorteile spüren, und da deine Schwingungen bereits hoch sind, wirst du weitermachen, denn du wirst dein eigener Beweis dafür sein, dass es funktioniert.

Damit kommen wir zu dem vielleicht wichtigsten Abschnitt dieses Buches. Nachdem wir nun so ziemlich alle Theorien behandelt haben, die du wissen musst, ist es an der Zeit, in die praktischen Aspekte des Gesetzes der Anziehung einzutauchen. Natürlich haben wir einige Grundlagen behandelt, aber jetzt ist es an der Zeit, was du nun weißt, zu meistern, um echte Ergebnisse zu erzielen.

Es ist an der Zeit, die Regeln des Gesetzes der Anziehung bewusst anzuwenden, um wirklich zu sehen, wozu es fähig ist.

Die Kraft der bewussten Anziehung nutzen

Es gibt viele verschiedene Möglichkeiten, die Kraft der bewussten Anziehung zu nutzen. Einige davon hast du bereits in diesem Buch kennengelernt, wie z.B. die Veränderung deiner Gedanken und Gefühle, die Verwendung von Affirmationen, Visualisierungen und die Zeit, die du dir nimmst, um deine Gedanken in allen Bereichen deines Lebens zu identifizieren, aber wie machst du das eigentlich?

All diese Strategien funktionieren, weil sie dir helfen, deine

Gedanken, Gefühle und Emotionen zu kontrollieren, und dir helfen, dich bewusst auf das zu konzentrieren, was du willst. Wie ich bereits erwähnt habe, steckt hinter dem Gesetz der Anziehung eine unbegrenzte Kraft. Du musst sie dir nur zunutze machen, um zu bekommen, was du dir vom Leben wünschst.

Es ist wichtig zu erkennen, wie mächtig bewusste Anziehung sein kann, wenn sie denn richtig eingesetzt wird. Wie bei den meisten Dingen im Leben ist es einfach, die Regeln zu lernen, aber viel schwieriger, sie zu beherrschen. Wenn du erst einmal gelernt hast, dein tägliches Denken, Fühlen und Handeln zu kontrollieren, sind dem Himmel keine Grenzen gesetzt.

Hier sind drei Schritte, wie du bewusst etwas anziehen kannst, das du in deinem Leben haben möchtest.

Schritt Eins - Identifiziere und unterstreiche dein Verlangen

Der erste Schritt besteht darin, herauszufinden, was du in deinem Leben willst. Das muss etwas sein, das du wirklich willst. Denk darüber nach, was deinen Kriterien entspricht oder was dir in den Sinn kommt. Ich würde vorschlagen, dass du eine Liste mit all den Dingen erstellst, die du dir wünschst, und sie dann auf die drei oder vier wichtigsten deiner Interessen einschränkst.

Denke daran, dass es darauf ankommt, herauszufinden, was du

im Leben wirklich willst, im Gegensatz zu dem, was nur ein flüchtiger Gedanke ist oder sich gut anhört, wenn du zum ersten Mal davon liest. Welchen Ansatz du auch immer wählst, das Wichtigste ist, dass du weißt, was du willst, und dass du es so klar wie möglich formulierst.

Schritt zwei - Gib diesem Wunsch deine Aufmerksamkeit

Der zweite Schritt besteht darin, diesem Wunsch deine Aufmerksamkeit zu schenken. Das kann für manche Menschen etwas schwierig sein, vor allem, wenn sie dazu neigen, sich zu viele Gedanken über "Was-wäre-wenn"-Situationen im Leben zu machen. Du stellst dir einfach vor, dass du mit dem lebst, was du dir für dein Leben wünschst. Mit anderen Worten: Du wirst nicht einfach dasitzen und darüber nachdenken.

Sich das Leben mit dieser einen Sache vorzustellen, ist eine wirksame Technik, denn wenn dein Verstand erst einmal anfängt, die Bilder zusammenzusetzen, ist es für dein Gehirn einfacher, dies als Möglichkeit zu akzeptieren, egal ob es gerade tatsächlich möglich ist oder nicht.

Es gibt zwei Teilschritte, die du hier befolgen musst. Der erste ist, dass du dich gut dabei fühlen musst. Wenn du das nicht tust, ist das auch in Ordnung, denn es gibt einige andere Techniken, die dir helfen, deine Schwingung zu erhöhen. Diese helfen dir, deine Visualisierung so kraftvoll wie möglich zu gestalten, unabhängig von deinen negativen Gefühlen. Wenn du dir zum Beispiel vorstellst, eine Million Euro zu haben, und denkst, das sich das toll anhört, aber dein Verstand anfängt sich Sorgen darüber zu machen, was passieren wird, wenn das Geld ausgeht, ist das nicht schlimm. Du musst diese negativen Gefühle durch positive Gefühle ersetzen.

Du könntest sagen;

Eine Million Euro würde mir so viel Freiheit geben. Ich könnte gehen, wohin ich will, wann ich will, und hätte einen Job, der mich wirklich inspiriert;

Der zweite Schritt in diesem Prozess besteht darin, sich so zu fühlen, als ob es gerade jetzt passiert. Wenn du auf einem Stuhl sitzt, konzentriere dich darauf, wie es sich anfühlt, auf diesem Stuhl zu sitzen. Spüre das Gewicht deines Körpers auf dem Stuhl und konzentriere dich auf das Gefühl, das sich durch deine Beine nach oben bewegt.

Wenn du gerade nicht auf einem Stuhl sitzt, stell dir vor, dass du dort sitzt. Lass dich auf dieses Gefühl ein und konzentriere dich auf diese Empfindungen, bis sie dir so real vorkommen, dass du glaubst sie anfassen zu können, wenn du es wolltest.

Du kannst dies ein paar Minuten lang tun, oder du kannst es eine ganze 45-minütige Visualisierungssitzung lang tun, je nachdem, was für dich am besten funktioniert.

Falls dies schwer zu verstehen ist, hier ein weiteres Beispiel:

Atme jetzt tief ein und spüre, wie die Luft deine Lungen füllt.

Falls du dir nicht sicher bist, wie das geht, fang an, indem du tief einatmest und deinen Atem ein paar Sekunden lang anhältst. Dann lässt du ihn los und spürst, wie deine Lungen wieder in ihren normalen Zustand zurückkehren. Wenn du das getan hast, wiederhole den Vorgang mit einem noch tieferen Atemzug. Deine Lungen mit frischer Luft zu füllen, fühlt sich ziemlich gut an, oder?

Mach das immer wieder und fülle deine Lungen jedes Mal mit noch mehr frischer Luft als zuvor.

Du kannst spüren, wie sich dein Brustkorb mit jedem Atemzug mehr und mehr ausdehnt. Während du diesen Atemvorgang fortsetzt, grenze deine Vision dessen ein, was du erreichen willst. Stell dir vor, dass du deinen Körper mit deinen Wünschen und den Gefühlen füllst, die du erleben wirst, wenn du das Ziel erreichst, auf das du dich konzentrierst. Fülle deinen Körper mit diesen Gefühlen auf die gleiche Weise, wie du ihn mit deinem Atem füllst.

Fühle diese Gefühle genauso lebendig.

Stell dir vor, wie du das Leben deiner Träume lebst und spüre, wie sich dein Körper mit überwältigender Begeisterung füllt! Wenn du dich auf etwas Bestimmtes konzentrierst, versuche, dir dieses Bild so deutlich wie möglich vorzustellen.

Stell dir zum Beispiel ein Leben vor, in dem du finanziell abgesichert bist. Stell dir vor, du schaust auf deinen

Kontoauszug und siehst 50.000€ auf deinem Konto. Spüre wirklich, wie sicher du dich dann fühlst. Wie sicher. Wie hart du gearbeitet hast und wie bereichernd es sein wird, diesen Betrag zu haben. Je stärker du diese Gefühle betonst, desto stärker wird die Manifestation sein.

Denke daran, immer wieder tief einzuatmen, während du das tust. Mach weiter, bis die Erregung in dir explodiert und du sie nicht mehr zurückhalten kannst!

Abschließend ist es wichtig, dass du dir alle negativen Gedanken, die während dieses Prozesses auftauchen, bewusst machst. Wenn du dir das Geld auf deinem Bankkonto vorstellst, aber ein Gedanke auftaucht wie: "Das wird nie passieren, stell dir vor, wie viel Arbeit das wäre", dann notiere ihn.

Lass dich nicht von dem Gedanken wegziehen, sondern erkenne seine Existenz an und versuche dann, ihn rückgängig zu machen. Denke darüber nach, warum du diesen Gedanken hattest und woher dieser Gedanke in deinem Leben stammt. Vielleicht musst du daran arbeiten, diesen Teil deines Lebens zu heilen, damit er dich nicht mehr aufhält.

Schritt drei - Erlauben, dass es geschieht

Der letzte Schritt in diesem Prozess besteht darin, zuzulassen, dass sich das, was du willst, manifestiert. Das klingt einfach, und das Konzept ist einfach, aber es kann einige Zeit dauern, es in die Praxis umzusetzen. Es erfordert ein wenig Vertrauen, aber es ist erreichbar mit der Denkweise, die wir in diesem Buch gefördert haben.

Erlaube dir zu glauben, dass das, was du manifestieren willst, bereits dir gehört. Glaube jedes Mal, wenn du daran denkst, daran, dass es in Erfüllung gehen wird. Du musst wirklich daran glauben, dass dein Wunsch möglich ist. Das Gesetz der Anziehung wird es übernehmen, wenn du das tust.

Der Trick besteht darin, die Gefühle der Aufregung und des Glücks beizubehalten, die du empfunden hast, als du zum ersten Mal erkannt hast, was du eigentlich willst. Mach es dir zur Gewohnheit, so zu denken, und wann immer du negative Gedanken hast, identifiziere sie und analysiere sie.

Dein Verstand ist sehr gut darin, zu erkennen, ob du wirklich von etwas begeistert bist oder nicht, und zwar noch besser, als er feststellen kann, ob etwas tatsächlich möglich ist oder nicht.

Lass einfach los und überlasse der Natur ihren Lauf, aber verliere das Ziel nie aus den Augen. Das klingt vielleicht ein bisschen widersprüchlich zu dem, was ich vorhin über die Konzentration auf die Reise gesagt habe, aber es ist wie beim Autofahren.

Du steigst in dein Auto und fährst auf dein Ziel zu. Du nimmst vielleicht ein paar Abzweigungen, vielleicht eine Umleitung hier oder da, du hörst vielleicht ein paar neue Lieder im Radio, und du hältst vielleicht sogar irgendwo auf dem Weg eine Weile an, aber wenn du ein Ziel hast, gibt dir das die Richtung und die Motivation, weiterzufahren, und schließlich kommst du an.

Das Gesetz der Anziehung wird für deine Hilfe auf dieser Reise sehr dankbar sein, und du wirst feststellen, dass es das Tempo erhöht, wenn du nicht dagegen anhältst - was dir noch mehr Gründe gibt, dich darüber zu freuen, was gerade passiert. Also hör auf, so hart zu dir selbst zu sein.

Die Macht der Visualisierung

Der Prozess, den du gerade durchlaufen hast, ist eine einfache Möglichkeit, die Kraft der Visualisierung zu nutzen. Du hast das, was du manifestieren willst, visualisiert und dich dabei auf mehr konzentriert, als es dir nur als einen flüchtigen Gedanken vorzustellen. Du hast viel Energie darauf verwendet, das zu visualisieren, was du willst, und dieser Prozess der Bestätigung wird dir helfen, das zu manifestieren, was du willst.

Wenn du das Gesetz der Anziehung optimal nutzen und wirklich das Leben manifestieren willst, das du dir wünschst, ist das Erlernen und Beherrschen von Visualisierungstechniken einer der wichtigsten Schritte, den du machen kannst.

Kurz gesagt ist Visualisierung die Praxis, Bilder in deinem Kopf zu wiederholen, die dir helfen, etwas Bestimmtes zu erreichen. Es geht darum, zu sehen, was du willst, um ein klareres Bild von dem zu haben, was du anstrebst. Du kannst dies vor deinem geistigen Auge tun, indem du Vision Boards erstellst, Kunstwerke anfertigst oder andere visuelle Techniken anwendest, anstatt nur über deinen Wunsch nachzudenken.

Wir alle tun dies in gewissem Maße. Du hast oder hattest Träume und Ziele, die dich vorangetrieben haben. Wenn wir zum Beispiel daran denken, nach der Schule einen gewünschten Job zu bekommen stellen wir uns vor, die Position zu haben, und wie die Leute darauf reagieren, wie toll wir in unserer Uniform (oder unserem Anzug usw.) aussehen.

Wenn du in der Öffentlichkeit sprichst - sei es, dass du deinem Chef oder einem neuen Kunden eine Idee vorstellst, eine Rede auf einer Hochzeit hältst oder dein Studium abschließt - stellst du dir vielleicht vor, wie es wäre, auf der Bühne zu stehen, alles zu geben und zu sehen, wie alle jubeln, klatschen und deinen Namen rufen. Das ist Visualisierung.

Diese Methode ähnelt in vielerlei Hinsicht der Meditation, wird aber oft dazu verwendet, die Zukunft zu erschaffen, die du dir wünschst. Etwas so intensiv zu visualisieren, dass es in deiner Vorstellung sehr real wird und das manifestiert, was du willst.

Es ist wichtig zu wissen, dass das nicht bedeutet, dass du nur an tolle, glückliche und schöne Dinge denken musst, um sie in dein Leben zu bringen. Die Kunst des Visualisierens bedeutet, die Emotionen zu *erleben*, die damit verbunden sind, dass du das bekommst, was du willst. Es geht darum, die gesamte Erfahrung

- physisch, konzeptionell und emotional - in deinem Kopf zu erschaffen, damit du selbst daran glaubst und die Möglichkeiten siehst, die du ergreifen musst, um es zu erreichen.

Deine Gedanken und Gefühle beeinflussen, wie dein Gehirn funktioniert und welche neuronalen Verbindungen zwischen deinen Nervenzellen entstehen. Wenn du ständig darüber nachdenkst, wie sehr du etwas willst, schaffst du in deinem Gehirn neue Nervenbahnen, die dir helfen, es zu erreichen.

Deshalb haben die Menschen, die visualisieren und das Gefühl haben, dass sie bereits haben, was sie wollen, eine klarere Vorstellung von ihrer Zukunft, und wenn sich die Richtung ändert (denn es wird immer Hindernisse geben), können sie sich leicht anpassen.

Deshalb musst du dich angewöhnen, dir vorzustellen, was du willst, statt nur darüber nachzudenken. Wenn du dich tatsächlich anstrengst, dir etwas vorzustellen, erschaffst du diese Zukunft für dich selbst. Auf neurologischer Ebene verändert die Visualisierung dein Gehirn so, dass es dir hilft, das zu schaffen, was du willst.

Dies wird von der Wissenschaft bestätigt. In einer Studie, die 2004 in der Cleveland Clinic Foundation durchgeführt wurde (Ranganathan et al., 2004), wurden Gruppen von Gewichthebern und ihre Fähigkeiten zur Verbesserung ihrer physischen Fingerabduktionskraft verglichen. Es gab zwei Kontrollgruppen - diejenigen, die körperlich trainierten, wie in einem Fitnessstudio oder einer Trainingshalle, und diejenigen, die geistig trainierten.

Die zweite Kontrollgruppe visualisierte jeden Aspekt ihrer Trainingseinheit in ihrem Kopf, einschließlich dessen, was sie taten, wie sie sich fühlten, wie sich ihr Körper anfühlte, wie die Geräusche waren usw. Sie gaben ihren Visualisierungen so viele Details wie möglich.

Die Ergebnisse (nach vier Wochen) zeigten, dass die Gruppe mit dem körperlichen Training ihre Kraft um 53 % steigern konnte, während die Gruppe mit der Visualisierung ihre Kraft um bis zu 35 % verbesserte. Das ist enorm, wenn man bedenkt, dass sie kein körperliches Training durchgeführt hatten.

Wenn du dies auf dein eigenes Leben anwendest, versuche zu verstehen, wie es ist, etwas zu tun und deine Entscheidungen durchzuziehen (z.B. zu trainieren), und nimm dir die Zeit, dir deine Ziele und Träume so detailliert wie möglich vorzustellen. So wirst du der Verwirklichung deiner Träume und Ziele näher und näher kommen.

Ich weiß, dass ich mich die ganze Zeit wiederhole, aber es ist wichtig, sich klarzumachen, dass Visualisierung nicht bedeutet, dass man nur an etwas denkt - sondern dass man es tatsächlich in seinem Kopf *erlebt*. Emotionen, Gefühle, Geräusche und all das.

Je mehr du dir vorstellen kannst, desto klarer siehst du die

Möglichkeiten, die dir helfen, dein Ziel zu erreichen. Je realer diese Bilder werden, desto leichter ist es, sie zu erkennen, wenn sie Wirklichkeit werden.

So entsteht ein Kreislauf, den du nutzen kannst, um alles zu manifestieren. Je stärker dein Glaube wird, desto lebendiger werden deine Bilder und desto wahrscheinlicher ist es, dass sie tatsächlich eintreten.

Visualisierung ist jedoch nicht nur hilfreich, um Chancen zu schaffen, sondern auch, um mit auftretenden Problemen umzugehen. Wenn du dir zum Beispiel vorstellst, wie du ein Problem lösen oder ein Hindernis umgehen kannst, bevor es auftritt, ist dein Geist vorbereitet, wenn es soweit ist. Wenn du mit einer schwierigen Situation konfrontiert bist, kannst du Zeit damit verbringen, dir vorzustellen, welche Lösungen du ergreifen könntest.

Wenn dir nichts einfällt, stell dir dein Leben vor, wie du denkst, dass es aussehen wird, wenn du das Problem überwunden hast. Wenn du wirklich anfängst, es zu fühlen, kannst du den Weg von dort zurückverfolgen. Natürlich wird das Gesetz der Anziehung auch weiterhin zu deinen Gunsten wirken und dir auf deinem Weg Türen öffnen, die dir helfen, dein Ziel zu erreichen. Das ist die Kraft des Universums, die hier wirkt.

Lange Rede, kurzer Sinn: Wenn du dir die Zeit nimmst, mögliche Lösungen für die verschiedenen Probleme, die du erlebst, zu visualisieren, wirst du sie umso besser lösen können, wenn sie auftauchen. Wenn du mit irgendeinem Hindernis im Leben konfrontiert bist, kann die Visualisierung dir die Energie geben, es frontal anzugehen.

Jim Carrey ist ein Paradebeispiel dafür, wie erfolgreich tiefe Visualisierung sein kann.

Als Jim Carrey 1985 mit dem Traum von einer Karriere als Schauspieler nach Hollywood zog, stellte er sich selbst einen Scheck über 10 Millionen Dollar aus und datierte ihn auf zehn Jahre in der Zukunft. Keine zehn Jahre später, fast auf den Tag genau im November 1995, wurde er für eine der Hauptrollen in der Erfolgskomödie "Dumm und Dümmer" engagiert, mit einem Vertrag im Wert von, du hast es erraten, 10 Millionen Dollar.

Jim stellte sich selbst einen Scheck aus, um sich ein Ziel zu vergegenwärtigen - eine ständige Erinnerung daran, was er tut und welche Ziele er zu diesem Zeitpunkt verfolgte. Er stellte einen Scheck aus und schickte damit Energie in das Universum hinaus. Diese Energie kam in Form eines 10-Millionen-Dollar-Vertrages zurück, und zwar genau dann, als es sein sollte.

Man vergisst leicht, dass die eigenen Gedanken genauso wichtig sind wie die eigenen Handlungen, und ich glaube, dass sie sogar noch mächtiger sind, weil ohne sie nichts geschehen kann. Das Gesetz der Anziehung wirkt immer, ob du daran glaubst oder nicht, also warum es nicht annehmen?

Wie man ungewollte Anziehung vermeidet

Ich habe bereits darüber gesprochen, aber das Gesetz der Anziehung wirkt immer durch die Energie, die du in das Universum aussendest, unabhängig davon, ob du sie absichtlich aussendest oder nicht. Während es bei den obigen Techniken darum geht, absichtlich etwas zu manifestieren, geht es in dieser zweiten Hälfte darum, die Chancen zu minimieren, dass man etwas anzieht, was man nicht will.

Das Gesetz der Anziehung erlaubt es dir, deine Wünsche zu haben, aber es bedeutet nicht, dass sie automatisch in Erfüllung gehen werden. Du musst auf die Art von Energie achten, die du aussendest. Denn wenn dein Fokus auf etwas in deinem Leben liegt, das du nicht willst, ist es für das Gesetz der Anziehung unmöglich, es loszuwerden, weil deine Aufmerksamkeit darauf gerichtet ist.

Hier ist ein Beispiel.

Nehmen wir an, du willst abnehmen, aber im Kühlschrank steht ein Becher mit Eiscreme. Jedes Mal, wenn du den Kühlschrank öffnest, wirst du diesen Becher Eiscreme sehen, und weil er in deinem Kopf und in deiner Umgebung ist, wirst du ihn essen wollen. Das wirft nun eine Menge Probleme auf.

Du kannst dich hinsetzen und dir ein gesünderes Gewicht lebhaft vorstellen, und das wird die passende Schwingungsenergie in das Universum aussenden. Doch jedes

Mal, wenn du deinen Kühlschrank öffnest, wirst du Gedanken bekommen, die dein Verlangen nach dem Eis bekräftigen. Je länger es dort steht, desto höher wird diese Schwingung sein, und du wirst schließlich nachgeben und das Leben manifestieren, in dem du Eis isst.

Weil du das Eis gegessen hast, was deinem Ziel zuwiderlief, hältst du dich jetzt für jemanden, der sich Ziele setzt und sie nicht einhalten kann. Wenn du dir das nächste Mal ein Ziel setzt, wirst du den Gedanken haben, dass du jemand bist, der scheitert. Und wenn du fortlaufend an dir selbst zweifelst, ist das das Leben, das du manifestieren wirst, also wirst du jemand sein, der scheitert, egal welches Ziel du dir setzt.

Dies ist eine gefährliche Spirale, und je länger sie andauert, desto mehr wirst du in einen Trott geraten, was es noch schwieriger macht, die Dinge zu ändern. Natürlich gibt es einen Weg, sich aus diesem Trott herauszuziehen.

Auf dem Weg dorthin wird es Siege geben. Du könntest eine Prüfung bestehen, eine neue Beziehung eingehen, mit der du wirklich glücklich bist, oder eine Beförderung bei der Arbeit erhalten - alles positive Dinge, die deine Schwingungen erhöhen werden. Du wirst im Laufe deines Lebens aufwärts und abwärts gehen, aber wenn du dir dessen immer bewusster werden kannst, wirst du das Risiko massiv verringern, den Weg zu gehen, den du nicht gehen willst.

Das Beste, was du tun kannst, wenn du abnehmen willst? Geh

aufs Ganze und schmeiß das Eis weg. Bekenne dich dazu und bestätige, dass du jemand bist, der sich gesund ernährt. So funktioniert Aufmerksamkeit. In *Atomic Habits*, dem Bestseller von James Clear über die Bildung neuer Gewohnheiten, beschreibt er, dass eine der besten Methoden zur Bildung neuer Gewohnheiten darin besteht, die Sache, auf die du dich konzentrieren willst, gut sichtbar zu machen, damit du dich ständig darauf konzentrierst und deine Aufmerksamkeit darauf lenkst.

Wenn du es dir zum Beispiel zur Gewohnheit machen willst, Gitarre zu spielen oder dein Leben als Gitarrist zu manifestieren, stelle deine Gitarre dorthin, wo du sie immer sehen kannst. Je öfter du sie siehst, desto mehr stellst du dir vor, wie du sie spielst, und du wirst anfangen, dein Leben in die Richtung zu lenken, die du haben willst.

Es erfordert enorme Willenskraft und Selbstdisziplin, sich etwas zu widersetzen, das direkt vor einem liegt, insbesondere zugunsten einer unsichtbaren, nicht greifbaren Sache. Du schaffst es vielleicht ein- oder zweimal, aber es ist kein nachhaltiger Ansatz, und du wirst irgendwann aufgeben.

Das ist es, was ich mit unbewusster Anziehung meine. Du kannst Zeit damit verbringen, dir einen gesunden Lebensstil vorzustellen; wirklich darüber nachzudenken, wie es sich anfühlen würde, dein zukünftiges Ich in einem Lebensstil zu sein, mit dem du glücklich bist, diese Emotionen zu fühlen und alles zu tun, was du kannst, um deine Träume zu manifestieren, und es könnte funktionieren.

In den ersten Tagen oder der ersten Woche mag es dir wirklich gut gehen und du findest, dass es so gut funktioniert, aber sobald du das Eis siehst und deine Aufmerksamkeit sich ändert, ändert sich auch deine Energie, ändert sich auch deine Schwingungsfrequenz, und so kehrst du dahin zurück, wo du angefangen hast. Du hast einfach unbewusst das angezogen, was du nicht wolltest, indem du diese Energie ausgestrahlt hast.

Was bedeutet das nun für dich?

Nun, wenn du wirklich manifestieren willst, was du willst, und vermeiden willst, dass du anziehst, was du nicht willst, musst du Schritte unternehmen, um unerwünschte Dinge zu entfernen. Das bedeutet, das Eis loszuwerden und grundsätzlich das zu minimieren, was du nicht manifestieren willst. Wenn du versuchst, die Bildschirmzeit deines Handys zu reduzieren, musst du dein Handy außer Sichtweite legen.

Natürlich sage ich nicht, dass du alles in deinem Leben ausmisten und nur noch das Nötigste haben sollst. Du wirst Dinge haben, die einen sentimentalen Wert haben und die dir Spaß machen. Du spielst vielleicht gerne Videospiele, und obwohl du denkst, dass du sie im Moment zu viel spielst, weißt du, dass sie dir immer noch Spaß machen. Also willst du deine Konsole nicht ganz loswerden. Das ist auch gut so.

Stattdessen musst du die Dinge entfernen, die du nicht willst;

die kleinen Erinnerungen, die unerwünschte Energie aussenden, und sie durch Erinnerungen an die Dinge ersetzen, die du manifestieren willst. Visuelle Erinnerungen wie diese sind sehr wirkungsvoll, selbst wenn es nur ein kleiner Zettel an deiner Haustür ist, auf dem steht: "Ich werde heute einen guten Tag haben".

Es ist ein Prozess, bei dem man sein Leben auf ein Minimum reduziert und sich dann voll auf das konzentriert, was man will.

Genau wie deine Gedanken musst du alles reduzieren und loswerden, was negative Energie in dir und deinem Leben anregt. Achte auf deine Gedanken, wenn du durch dein Leben gehst. Ich hatte einen Freund, der sich unglaublich für das Spiel League of Legends begeisterte, man könnte fast sagen, er war süchtig danach. Mehr als drei Jahre lang verbrachte er jeden Tag stundenlang mit dem Spiel.

Als er beschloss, dass die Sucht sein Leben und seine psychische Gesundheit ruinierte und es an der Zeit war, davon loszukommen, arbeitete er lange Zeit sehr hart und machte sogar eine Therapie, um sie zu überwinden. Etwa ein Jahr später hatte er es endlich geschafft, damit aufzuhören. Aber er liebte League of Legends immer noch sehr.

Er liebte die Figuren, die Grafik, den Stil und vor allem die Musik, und als die Studios anfingen, Musikalben zu veröffentlichen, konnte er nicht anders, als sie zu hören. Mit einer solchen visuellen und akustischen Verbindung zum Spiel konnte er nicht anders und fing wieder an zu spielen.

Nach allem, was er durchgemacht hatte, kehrte er zum Spiel zurück, weil er sich selbst in die Lage versetzt hatte, diese Energie anzuziehen, wodurch er wieder am Anfang stand. Er musste den Prozess noch einmal von vorne beginnen.

Ich bin sicher, du warst auch schon in dieser Situation. Du hast eine schlechte Angewohnheit aufgegeben oder sie durch eine bessere, vorteilhaftere ersetzt, und dann passiert etwas, und du wirst rückfällig und landest wieder dort, wo du vorher warst. Das alles ist auf unabsichtliche Anziehung zurückzuführen.

Egal, ob es sich um deine Gedanken, Emotionen, Gefühle oder um etwas in deiner physischen Umgebung handelt, wenn du ständig diese negativen Gedanken hast, bittest du das Universum um etwas Schlechtes statt um etwas Gutes.

Hier ein weiteres Beispiel. Angenommen, du wachst auf und fühlst dich schrecklich. Du streitest dich mit deinem Partner und stürmst aus dem Haus, um zur Arbeit zu gehen. Durch diesen Ausrutscher der Selbstbeherrschung hast du gerade eine Menge negativer Energie ausgesandt, und obwohl du das vielleicht nicht willst, wird das Gesetz der Anziehung es nicht verhindern können.

Es ist die Energie, die du ausgestrahlt hast, also ist es auch die Energie, die du zurückbekommst. Das ist der Grund, warum Menschen schlechte Tage haben und selten nur eine einzige schlechte Erfahrung oder einen schlechten Moment erleben. Eine Sache passiert, die Person ärgert sich, wird traurig oder gestresst, und das passiert immer wieder.

Du könntest deinen Zug verpassen, stolpern, Tee über dein neues Hemd schütten, alles vergessen, was du für ein bevorstehendes Treffen brauchst, und so weiter. In extremeren Situationen - wenn du vielleicht andere betrogen, verletzt oder auf andere Weise Schaden angerichtet hast - kann es sein, dass du deine Beziehung verlierst, deinen Job verlierst, verhaftet wirst oder andere extreme, lebensverändernde negative Umstände auf einmal erlebst. Das ist die aufgebaute negative Energie, die zu dir zurückkommt.

Du wirst nicht in der Lage sein, immer die Kontrolle zu behalten. Manchmal musst du einfach durch eine schlechte Zeit kommen, um etwas zu lernen, aber selbst während der schwierigeren Tage solltet ihr immer noch in der Lage sein, darauf zu achten, wie ihr euch fühlt - damit ihr entscheiden könnt, wie ihr handeln wollt und welche Energie ihr in das Universum aussendet.

Wenn du zum Beispiel schlecht gelaunt bist und dein Partner dich aufzieht, spürst du vielleicht, wie sich diese negative Energie aufstaut. Aber anstatt sie an deinem Partner auszulassen, sagst du lieber, dass du schlecht gelaunt und nicht in der richtigen Stimmung bist, um mit der Situation umzugehen, aber dass du dich später darum kümmern wirst.

Du kannst dann durch den Tag gehen und die negative Energie auf eine gesunde Art und Weise ablassen, so dass du deine Entscheidungen und Handlungen steuern und potenziell negative Energie in achtsame positive Energie umwandeln kannst, auf die das Gesetz der Anziehung entsprechend reagieren wird, meistens zu deinen Gunsten.

Wie du bewusste Anziehung in dein Leben bringst

Wie kannst du also damit beginnen, bewusst das anzuziehen, was du in deinem Leben willst? Mit dem, was wir bisher gelernt haben, können wir jetzt aktiv werden. Hier sind die Schritte, die du kennen musst!

1. Halte inne, in dem was du tust, und werde achtsam

Das erfordert ein wenig Übung, aber das ist der beste Ausgangspunkt. Nicht nur für diesen Schritt, sondern für deinen gesamten Weg der Erschließung der Kraft des Gesetzes der Anziehung. Dein Geist arbeitet immer, und du gibst immer Energie in die Welt ab, also beginne damit, welcher Natur diese Energie ist.

Wann immer deine Gedanken abschweifen, versetze dich in den aktuellen Moment zurück und konzentriere dich auf deine fünf Sinne: Sehen, Riechen, Tasten, Schmecken und Hören.

Wenn du dich nicht von deinem Standort lösen kannst (du bist vielleicht bei der Arbeit oder an einem öffentlichen Ort), konzentriere dich darauf, wie sich dein Körper anfühlt. Wenn du dich wohl fühlst, wenn eine Brise weht oder du die Sonne auf deiner Haut spürst, notiere dir das.

Nehmen wir an, du sitzt gerade auf einem Stuhl. Während du dies liest, spürst du, wie dein Körper auf den Stuhl drückt. Spüre den Kontaktpunkt zwischen dir und dem Objekt. Richte deinen Fokus auf das Buch oder den Kindle in deiner Hand. Spüre diesen Kontaktpunkt. Nimm dir einen Moment Zeit, um den Blick von dieser Schrift abzuwenden und sie wirklich zu spüren.

Wenn du das Erlebnis verstärken willst, nimm drei lange, tiefe Atemzüge. Behalte die Kontrolle. Atme tief durch die Nase ein, fülle deine Lungen und spüre, wie sich dein Brustkorb ausdehnt und sich deine Schultern heben. Atme vier Sekunden lang ein und halte den Atem sechs Sekunden lang an, so lange du dich damit gut fühlst.

Atme nun langsam durch den Mund aus und spüre, wie sich dein Körper entleert, dein Brustkorb sinkt und deine Schultern sich herabsenken. Atme sieben Sekunden lang aus. Wiederhole dies dreimal und konzentriere dich dabei auf das Gefühl der Berührung. Nimm wahr, wie ruhig dein Geist wird, während du das tust.

Wenn du deine Konzentrationsfähigkeit verbesserst, wirst du in diesem Zustand der Ruhe sitzen können – selbst wenn es nur ein paar Sekunden sind - bevor die Gedanken zurückkommen. Nimm diese Gedanken wahr. Es ist sehr hilfreich, wenn du dabei ein Blatt Papier und einen Stift zur Hand hast, damit du deine Gedanken aufschreiben kannst.

Sei präzise und schreibe alles auf, was dir in den Sinn kommt. So kannst du Klarheit über die Gedanken und die Energie finden, die du aussendest.

2. Wisse, was du vom Leben willst und sei dir darüber im Klaren

Nicht jeder weiß genau, was er will oder, was noch wichtiger ist, warum er etwas will. Nimm dir also etwas Zeit und denke darüber nach, was du willst. Was ist dir wichtig? Was willst du in deinem Leben? Willst du eine Beziehung, eine Freundschaft, eine gute Gesundheit oder Geld? Es kommt nicht darauf an, was du willst, sondern darauf, dass du es willst.

Schreibe jede Sache, an die du denkst, in der Reihenfolge ihrer Wichtigkeit auf. Es ist natürlich in Ordnung, wenn du später ein Brainstorming machst und die Prioritäten neu setzt.

Wenn du dir überlegt hast, was du willst, konzentriere dich auf die obersten ein bis drei Punkte auf deiner Liste und mach dir klar, was dieses Ziel für dich bedeutet.

Hier kommt die Kraft der Visualisierung ins Spiel, und du musst sie nicht nur in deinem Kopf ausführen. Versuche, dich auf das zu konzentrieren, was für dich funktioniert. Du könntest täglich ein Tagebuch führen und alle deine Ideen und Gedanken aufschreiben. Du könntest z.B. folgende Sprüche aufschreiben;

- Ich bin mächtig

- Ich lebe einen gesunden Lebensstil

- Ich gehe verantwortungsvoll mit meinem Geld um

- Ich verdiene bedeutungsvolle und erfüllende Beziehungen

- Ich bin dankbar dafür, ich zu sein

- Ich treibe regelmäßig Sport

- Ich bin jemand, der täglich eine Yoga-Routine praktiziert.

Oder worauf auch immer du dich konzentrieren willst. Du könntest sie auf Post-It-Zettel schreiben und sie um dich herum aufhängen. Du könntest diese Affirmationen sprechen oder jeden Morgen vor dem Spiegel deinen perfekten Lebensstil beschreiben. Du könntest eine kurze Geschichte in einem Word-Dokument schreiben, in der du die Hauptperson bist und in der du detailliert beschreibst, wie ein Tag in deinem neuen Leben aussehen würde.

Es geht darum, neue Techniken auszuprobieren und herauszufinden, was dir Spaß macht und was für dich am besten funktioniert.

Ich habe es geliebt, mich auszutoben. Um meine geistige Gesundheit zu verbessern, begann ich vor ein paar Jahren, täglich eine halbe Stunde um den Block zu gehen, um meinen Körper zu bewegen und frische Luft zu tanken.

Während dieser Spaziergänge dachte ich über ein eigenes Unternehmen, meine Beziehungen zu anderen Menschen und meinen Traum vom Bücher schreiben nach. Ich spielte buchstäblich das Schreiben am Schreibtisch nach. Ich stellte mir vor, wie ich in einer Buchhandlung im Rahmen der Pressetour Passagen aus meinem Buch vorlas. Ich stellte mir vor, Bücher für einen Fan zu signieren.

Auf diese Weise konnte ich mir ein Bild davon machen, was ich im Leben erreichen wollte, begeistert von der Zukunft und den Dingen, die ich tun konnte. Ich dachte über nichts Anderes mehr nach. Ich setzte alles in Bewegung und schickte diese Energie ins Universum hinaus, und ein paar Jahre später hat es mein Buch hinaus in die Welt geschafft.

Ich habe es manifestiert und verwirklicht, und du kannst das auch!

3. Verwende positive Sprache, wenn du definierst, was du willst

Jetzt, wo du eine klare Vorstellung davon hast, was du willst, ist es an der Zeit, dich auf die Details zu konzentrieren. Es ist schön und gut, sich vorzustellen, was du willst, und positive

Affirmationen auszusprechen, aber du musst dich auf die Sprache konzentrieren, um sicherzustellen, dass du tatsächlich die richtige Energie anziehst.

Um deine Wünsche anzuziehen, musst du positiv über das denken, was du willst. Je konkreter deine Wünsche sind, desto besser. Anstatt zu sagen: "Ich möchte glücklich sein", sage: "Ich bin so glücklich, jetzt wo ich dies habe."

Je selbstbewusster du deine Ziele aufschreibst, desto leichter werden sie sich verwirklichen lassen.

Wenn du etwas Kleines anstrebst, wie z.B. ein neues Auto, schreibe: "Ich bin so glücklich und dankbar, dass ich jetzt dieses tolle, neue Auto habe!" Wenn du mehr Geld in dein Leben ziehen willst, sei selbstbewusst und schreibe Worte wie "Ich bin so glücklich und dankbar, dass das Geld jetzt leicht und reichlich in mein Leben fließt!"

Denke daran, dass das Universum dir das liefert, worum du bittest; nicht unbedingt das, was du willst. Achte also darauf, dass deine Worte deine echten Wünsche widerspiegeln und nicht das, was du denkst, was passieren wird. Wenn deine Wünsche nicht mehr Schmerz als Freude verursachen, ist es eine gute Idee, sie so konkret wie möglich zu formulieren. Willst du die Liebe in dein Leben ziehen? Achte darauf, wie du es formulierst. „Ich bin so glücklich, dass ich jetzt die tollste, liebevollste Beziehung in meinem Leben habe!" ist besser als "Ich will jetzt einen Freund/eine Freundin!" Ersteres lässt keinen Spielraum für Fehler zu, während Letzteres zu großen Enttäuschungen führen kann. Zum Beispiel wenn du dich auf eine giftige Beziehung einlässt oder eine, die einfach nicht sein soll.

Definiere deine Wünsche so genau wie möglich und arbeite dann daran, mit jedem Satz mehr und mehr positive Energie auf die Ergebnisse zu lenken, die du dir wünschst. Sag dir immer wieder, dass die Dinge besser werden, bis sie es tun; sprich mehr darüber, wie schön die Dinge sind, wenn du sie hast, als über den Schmerz und die Probleme in ihrer Abwesenheit. Sobald du einen Unterschied bemerkst, übe weiter, bis du deine Stimme gefunden hast, und lass sie dann ohne Zögern oder Negativität erstrahlen.

4. Sei bereit dafür, dass deine Wünsche in Erfüllung gehen

Um zu bekommen, was du willst, musst du bereit sein, es zu empfangen. Wenn du an irgendetwas festhältst, das dich an der Erfüllung deines Wunsches hindert, dann lass es jetzt los. Wenn du zum Beispiel gerade mit dem Rauchen aufgehört hast und sehr stolz auf dich bist, aber an dem Gedanken festhältst, dass du nie lange damit aufgehört hast, dann wirst du nicht bereit sein für die Annahme des Wunsches mit dem Rauchen aufzuhören (du bist nicht offen für Veränderungen).

Wenn du in diesem Beispiel deine Zigarettenschachtel in der Schublade liegen lässt, "falls du sie später brauchst", ist klar, dass du nicht bereit bist, das Rauchen aufzugeben. Unabhängig von deinen Wünschen ist es wichtig, die Chancen zu deinen Gunsten zu erhöhen. Das bedeutet, dass du die Dinge aus dem Weg räumst, die dich zurückhalten, und mehr Dinge in dein Leben bringst, die die gewünschte ausgesendete Energie maximieren.

5. Erstelle ein Ritual um deine Wünsche in dein Leben zu ziehen

Du könntest beschließen, dass du jeden Morgen nach dem Aufwachen fünf Dinge aufschreibst, für die du dankbar bist, bevor du deine Ziele aufschreibst. Vielleicht wirst du jedes Mal, wenn du durch eine Tür gehst, verkünden, dass dein gewünschtes Ziel bereits erreicht ist und dafür danken, dass es so ist.

Als ich dabei war, einen gesunden Lebensstil zu manifestieren, habe ich mich immer für das Laufen unter der Woche belohnt. Das könnte ein Filmabend mit einem Freund, ein Ausflug oder sogar ein netter Snack sein (ich kann bei Chips und Hummus nicht Nein sagen). Das war mein Ritual, und so habe ich mein Leben gestaltet. Ich wurde gesünder, glücklicher und erfüllter damit, wie ich meine Zeit verbrachte.

Je mehr du dich der bewussten Anziehung öffnest, desto mehr wird sich das, was du willst, seinen Weg zu dir bahnen. Das ist die Macht der Gewohnheit. Du musst deine Affirmationen in deine tägliche Routine einbauen, damit sie selbstverständlich werden. Das geht am einfachsten, wenn du definierst, was du tun willst, und es dann in die Tat umsetzt.

Wähle die Handlung, die Zeit und den Ort, an dem du sie durchführen willst, und übe dann. Richte dir Erinnerungshilfen ein, um die Wahrscheinlichkeit zu erhöhen, dass du es wirklich tust. Wenn du deine Affirmation z.B. jeden Morgen beim Zähneputzen vor dem Spiegel übst, kannst du einen Zettel als Erinnerung an die Wiederholung der Affirmation an den Spiegel kleben, um die gewünschte Energie anzuziehen.

6. Lasse deine Gebundenheit daran los, wie es zustande kommen wird

Wenn wir uns auf unsere Wünsche konzentrieren und zulassen, dass sie sich manifestieren, sind wir (auf eine gute Art und Weise) darauf fixiert, dass das Ergebnis unseren Vorstellungen entspricht. Manchmal sind wir jedoch so sehr darauf fixiert, wie wir uns das Ergebnis vorstellen, dass wir übersehen, was direkt vor unseren Augen geschieht.

Du denkst zum Beispiel, dass dein Partner dir einen Antrag machen wird, wenn der Zeitpunkt genau richtig ist, und nicht eine Minute vorher oder nachher, aber das lässt dich oft frustriert zurück, weil wirklich alles andere sich zu ergeben scheint, außer dem, was du willst. Das wird die negativen Schwingungen, mit denen du lebst, nur noch verstärken.

Der Punkt, an den du dich hier erinnern solltest, ist, dass du die Gebundenheit und deine Erwartungen loslassen und dich stattdessen auf das konzentrieren solltest, was du zu manifestieren versuchst und wie du es geschehen lassen wirst. Solange du weiterhin diese positiven Schwingungen aussendest, wird das Gesetz der Anziehung es geschehen lassen. Es gibt jedoch einige Gesetze, die erfüllt werden müssen.

Du könntest zum Beispiel eine Million Euro manifestieren, aber das wird in den meisten Fällen nicht sofort geschehen. Du wirst nicht aufwachen und eine Million Euro auf deinem Bankkonto oder unter deinem Bett finden. Es kann sein, dass es andere Bereiche in deinem Leben gibt, an denen du arbeiten musst, bevor du zur Manifestation bereit bist, wie z.B. dein Job oder die Art und Weise, wie du Geld als Flucht aus deinem Alltag nutzt. Wenn du eine Million Euro geschenkt bekämst, würdest du vielleicht alles für unwichtige Dinge ausgeben, und es wäre nur Verschwendung gewesen. Weil es kein Gleichgewicht gibt, bist du nicht bereit.

Du musst lernen, wie du mit deinem Geld umgehst, dir die nötigen Fähigkeiten aneignen und den richtigen Punkt in deinem Leben erreichen, an dem das Gesetz der Anziehung die Million Euro, die du dir gewünscht hast, manifestieren wird. Erinnerst du dich daran, dass Jim Carrey zehn Jahre auf seine Manifestation warten musste? Das Gleiche gilt für dich.

In der Zwischenzeit konzentrierst du dich weiterhin auf dein Endziel, visualisiere es und versuche, es zu erreichen. Lass die Erwartung los, wie und wann es sich manifestieren wird, und konzentriere dich einfach auf die Tatsache, dass es so kommen wird, solange du dich in die richtige Richtung bewegst.

7. Suche nicht nach Gründen, warum es nicht funktionieren wird, und gib nicht auf, wenn du sie findest

Dies hält die Menschen oft davon ab, das Gesetz der Anziehung wirksam anzuwenden. Dein Verstand wird dir sagen, dass dies nicht funktionieren wird oder dass es für dich nicht möglich ist. Lass dir das, was du willst, nicht ausreden.

Du musst dir deiner Gedanken bewusst sein. Ich muss das wiederholen, weil es so wichtig ist. Und wenn du dir nicht bewusst bist, dass es passieren kann, wird es passieren, ohne dass du es merkst.

Angenommen, du manifestierst eine Million Euro und sie kommt nach einer Woche nicht, und du denkst dir: "Oh, wow, das war so unrealistisch, um eine Million Euro zu bitten. Als ob das jemals passieren würde.' Du hast diese Energie einfach in das Universum hinausgeschickt und gibst auf. Stell dir vor, das ist deine Schwingung, und jetzt wirst du sie nicht manifestieren.

Im Laufe deines Lebens wirst du immer wieder Anzeichen sehen, die dich davon abhalten, das zu tun, was du anstrebst. Es können sich zum Beispiel andere Möglichkeiten für andere Jobs oder andere Beziehungen ergeben, die dich auf einen völlig anderen Weg führen könnten. Das liegt daran, dass es mehrere Wege gibt, auf denen du deinen Weg erreichen kannst, wobei das Ergebnis von deinen Manifestationen und deinen Entscheidungen abhängt.

Nehmen wir zum Beispiel an, du möchtest in deiner Karriere erfolgreich sein. Du könntest in deinem jetzigen Job durch Beförderung erfolgreicher sein, oder einen Job in einem neuen Unternehmen bekommen oder dein eigenes Unternehmen gründen. Wenn du deinen beruflichen Erfolg manifestieren willst, wirst du diese Möglichkeiten zu verschiedenen Zeiten wahrnehmen, aber du musst sicherstellen, dass du bei deinen Unternehmungen zielstrebig bleibst.

Denk daran, dass du eine klare Vorstellung davon haben solltest, was du willst und was du zu erreichen versuchst. Du solltest es von Anfang an klar vor Augen haben, und es ist wichtig zu erkennen, dass andere Gelegenheiten als Versuchung oder sogar als Prüfung angesehen werden können.

Wenn du sie als Tests des Universums betrachtest, kannst du überprüfen, ob du das, was du glaubst zu wollen, auch wirklich willst oder nicht. Wenn du in der Lage bist, auf dem Weg zu bleiben und das zu verfolgen, was du willst, dann zeigt das, dass du engagiert bist und daher bestimmte Schwingungen an das Universum aussendest - dass du das willst, was du willst, und daher in der Lage sein wirst, es zu manifestieren.

Als ich meinen Eltern erzählte, dass ich mit dem Schreiben von Büchern beginnen würde, sagten sie Dinge wie: "Ist das nicht ein schwieriger Beruf?" und "Ich weiß nicht, wie du deinen

Lebensunterhalt bestreiten willst."

Das sind Schwingungen, die mich von meinem Weg hätten abhalten können, aber ich habe mich entschieden, diese Ängste loszulassen und stattdessen daran zu arbeiten, mich selbst zu bestätigen, und nun ja, das Ergebnis liest du gerade!

Wenn du dein Ziel ernst nimmst, solltest du diese Anzeichen ignorieren.

Wenn du auf deiner Reise auf Widerstand stößt, ist es wichtig, ihn anzuerkennen, aber deinen Fokus von ihm abzulenken und deine Gedanken stattdessen auf das zu richten, was du willst. Das erhöht die Konzentration auf das, was du willst, und sendet daher kraftvollere Energie an das Universum aus, und du wirst noch kraftvollere Energie erhalten.

Zusammenfassend lässt sich sagen, dass du - wenn du all diese Taktiken kombinierst und der bewussten Anziehung erlaubst, für dich zu arbeiten - bemerken wirst, dass deine Träume beginnen, sich in der Realität zu manifestieren. Du wirst die Kontrolle über das Gesetz der Anziehung übernommen haben, und es wird für dich sorgen. Du wirst in der Lage sein, das Gesetz der Anziehung effizienter zu nutzen, und das bedeutet noch größere Dinge für dein Leben.

Natürlich braucht es Zeit und Übung. Du wirst auf dem Weg erheblich schwanken, da die Welt um dich herum sich ständig verändert, aber das ist alles Teil der Reise. Das Gesetz der

Anziehung ist die Quelle der Kraft, die es dir ermöglicht, dein Wunschleben zu leben.

Praktische Fertigkeiten für eine bessere bewusste Anziehung

Wenn du besser darin werden willst, bewusste Anziehung zu praktizieren, gibt es einige Fähigkeiten, an denen du arbeiten kannst, um deine Fähigkeit zu entwickeln, dein Traumleben zu manifestieren. Dies sind einige Kurztipps, die dir helfen können, dich weiterzuentwickeln und deine Fähigkeiten zu perfektionieren, während du vorankommst, und die dir helfen, noch bessere Ergebnisse zu manifestieren.

1. Fokussiere dich darauf Spaß zu haben

Die Verfolgung deiner Wünsche sollte eine angenehme Erfahrung sein. Wenn es dir keinen Spaß macht, dann ist es keine bewusste Anziehung, egal wie es für alle um dich herum aussieht. Wenn dein Leben voller Stress und Frustration ist, wird sich diese Energie in Form von Problemen manifestieren, die dich daran hindern, das zu bekommen, was du willst und wann du es willst.

2. Konzentriere dich auf das, was du hast, anstatt auf das, was du nicht hast

Wenn wir uns auf das konzentrieren, was wir haben, danken wir für diese Fülle und lassen die Energie freier fließen.

3. Sei geduldig, beharrlich und positiv

Es kann einige Zeit dauern, bis das, was du dir wünschst, eintritt. Aber wenn du geduldig und ausdauernd bist, dann wird das Gesetz der Anziehung eines Tages schnell genug wirken, damit du Ergebnisse in deinem Leben siehst. Was auch immer sonst geschieht, bleib positiv, denn diese Energie wird in deinen Gedanken und Gefühlen präsent sein, und sie könnte sogar die Menschen um dich herum beeinflussen.

4. Konzentration auf wahre Gefühle

Wenn du zum Beispiel eine Beförderung anstrebst oder einen Partner suchst, konzentriere dich darauf, wie du dich fühlen würdest und wie dein Leben aussehen würde, wenn du diesen Punkt erreicht hast. Ich sage natürlich nicht, dass du deine jetzigen Gefühle ignorieren und immer mit dem Kopf in der Zukunft leben solltest, aber wenn es um Visualisierung und den Prozess der Manifestation geht, macht es einen Unterschied, sich auf die Gefühle zu konzentrieren und nicht auf die Sache selbst.

5. Konzentriere dich darauf, Spaß zu haben und zu schätzen, was du hast, nicht auf das Ergebnis

Wir werden unglücklich, wenn wir uns nur auf ein Ergebnis konzentrieren, ohne zu bedenken, wie viel Spaß es macht und wie dankbar wir für alles sind, was wir bereits haben. Das liegt daran, dass wir uns selbst und andere um uns herum leicht unter Druck setzen, wenn wir das Gefühl haben, dass die Dinge nicht schnell genug vorangehen.

6. Nimm den gegenwärtigen Moment wahr

Du kannst vergangene Erfahrungen, die dir Spaß gemacht haben oder positiv waren, nutzen, um positive Gefühle anzuziehen, wenn du etwas Neues manifestierst. Du musst jedoch häufiger im gegenwärtigen Moment bleiben, denn das Verweilen in der Vergangenheit kann uns in ungünstige Denkmuster führen und uns daran hindern, das Gute zu sehen, das bereits da ist, oder das zu schätzen, was wir jetzt haben.

7. Erlaube den Dingen, sich natürlich zu entfalten

Es kann verlockend sein, die Dinge schnell zu erzwingen, aber das wird das Gesetz der Anziehung daran hindern zu wirken, weil es nicht mit dem übereinstimmt, was du willst. Wenn du die Dinge sich natürlich entfalten lässt, wird das Universum das alles für dich tun. Und du musst dich nur zurücklehnen und deinen Wünschen erlauben, sich zu manifestieren.

8. Das Ergebnis loslassen

Ich weiß, das klingt vielleicht ein wenig widersprüchlich, weil es im Gegensatz zu allem steht, was ich über die Konzentration auf das, was du willst, gesagt habe, aber es gibt auch eine Zeit, in der du loslassen und alles willkommen heißen kannst, was sich ergibt.

Wenn du zum Beispiel eine neue Stelle suchst, solltest du alle Möglichkeiten in Betracht ziehen, denn du weißt nicht, was passieren wird. Vielleicht verlierst du deinen alten Job, nur um dann in einem neuen Job zu landen, in dem du deine manifestierte Zufriedenheit findest. Oder du schlägst einen neuen Weg ein, und gründest z. B. Dein eigenes Unternehmen, was du vielleicht nie in Betracht gezogen hast.

Es geht darum, deine Wünsche für deine Karriere zu bekräftigen und dann darauf zu vertrauen, dass das Gesetz der Anziehung dir den Rücken stärkt.

Wenn du dich darauf konzentrieren kannst, diese Fähigkeiten in dein Leben zu bringen, wird es dir viel leichter fallen, das zu manifestieren, was du dir wünschst, und die Ergebnisse werden viel größer sein.

Versuche, dich von diesen Grundsätzen nicht überwältigen zu lassen, und nimm dir Zeit, um herauszufinden, welche für dich geeignet sind, anstatt dich auf alle Grundsätze zu konzentrieren.

Diese acht Techniken werden dir eine dringend benötigte Grundlage bieten, wenn du mit dem Gesetz der Anziehung beginnst, oder wenn du unsicher bist, wie es funktioniert.

SECHSTES KAPITEL

Wie Gedanken und Worte deine Reise leiten können

"Unterschätze niemals die Macht der Gedanken; sie ist der größte Weg zur Entdeckung".
- Idowu Koyenikan

Es lässt sich nicht leugnen, dass die Worte, die du denkst, sagst und schreibst, wichtige zu berücksichtigende Faktoren sind, wenn es um das Gesetz der Anziehung geht. Das Gesetz der Anziehung und Worte sind untrennbar miteinander verbunden. Das laute Aussprechen von Worten, das Singen von Worten für sich selbst oder für jemand anderen oder das Schreiben von Botschaften sind alles Wege, um mit dem Universum zu kommunizieren.

Und wenn du mit dem Universum kommunizierst, setzt du das Gesetz der Anziehung in die Praxis um. Es stellt sich also die Frage: Wie kannst du die Kunst der Worte beherrschen, um dem Gesetz der Anziehung einen Schritt näher zu kommen?

Worte, die du sprichst und denkst

Deine Worte sind unfassbar mächtig. Wenn du deinen Geist ständig mit negativen Gedanken bombardierst oder dich selbst heruntermachst, wirst du dich nur noch schlechter fühlen und noch mehr Negativität in dein Leben ziehen.

Denn wenn du etwas laut aussprichst, löst das bei der Person, die es sagt, und bei jedem, der zuhört, die gleichen Gefühle aus. Das heißt, wenn du negativ über dich selbst sprichst, werden die Leute das sofort aufgreifen und genauso fühlen wie du.

Auch deine Worte werden zur Gewohnheit; je öfter du einen bestimmten Satz oder ein bestimmtes Wort aussprichst, desto natürlicher wird es für dich und deine Mitmenschen. Der beste Weg, deine Worte zu beherrschen, besteht darin, sie sorgfältig auszuwählen.

Die Worte, die du sprichst, sind genauso mächtig wie die Gedanken, die du denkst. Wenn die Gedanken negativ sind, können sie tiefgreifendere Auswirkungen auf dein Leben haben als dir bewusst ist. Wenn jemand zum Beispiel ständig daran denkt, allein zu sein oder niemals Liebe zu erfahren, kann er feststellen, dass sich dies in seinem Leben widerspiegelt.

Andererseits kann eine Person, die ständig Worte der Liebe und Wertschätzung ausspricht, feststellen, dass sie sich in ihrem Leben mehr geliebt oder geschätzt fühlt. Diese beiden Beispiele zeigen, wie deine Gedanken und Worte die Welt um dich herum beeinflussen können.

Aufschreiben von Affirmationen

Du hast wahrscheinlich schon einmal von Affirmationen gehört, wusstest aber nicht genau, was du damit anfangen sollst. Nun, das wird sich jetzt ändern.

Es kann eine Herausforderung sein, Affirmationen auszusprechen und nicht nur zu denken, weil du Angst hast, eingebildet oder egozentrisch zu erscheinen. Die Wahrheit ist, dass du wahrscheinlich schon die ganze Zeit Affirmationen verwendest, ohne es zu merken. Wenn dir zum Beispiel jemand sagt: "Du siehst heute toll aus", wirst du wahrscheinlich eher mit einem "Danke" antworten, als darüber nachzudenken, wie toll die andere Person aussieht.

Das ist an sich schon eine Affirmation, und sie hat eine größere Wirkung auf dein Leben, wenn du dich bewusst darum bemühst, anstatt es einfach geschehen zu lassen. Du kannst dieselbe Strategie anwenden, wenn du Affirmationen aufschreibst, und sie bei jedem Niederschreiben laut aussprichst.

Dies wird dazu beitragen, die Wirkung der Affirmation auf dein Leben und deine Gefühle zu verstärken, weil die Worte dann viel bedeutender sind. Beachte beim Schreiben von

Affirmationen die folgenden Grundregeln:

Mache jede Affirmation persönlich. Vielleicht hast du bereits eine Liste mit Affirmationen geschrieben, aber wenn du sie für sich selbst aufschreibst, achte darauf, dass sie jedes Mal anders sind. Wenn du feststellst, dass du dazu neigst, Affirmationen zu wiederholen, wechsle sie aus oder lass sie ganz weg.

Seien bei deinen Affirmationen spezifisch. Es ist sehr schwierig, etwas positiv zu sehen, wenn es nicht auf dein eigenes Leben zutrifft, aber wenn du deine Affirmationen sehr konkret formulierst, fällt es dir leichter, an sie zu glauben, und sie sind wirkungsvoller. Anstatt dir einzureden, dass du erfolgreich bist, wenn es um Geld oder Gewichtsabnahme geht, schreibe genau auf, wie viel Geld du pro Jahr verdienen möchtest oder was genau dein Idealgewicht sein soll.

Sei bei deinen Affirmationen realistisch. Wenn du bereits einige Affirmationen aufgeschrieben hast, die für dein Leben im Moment zu unrealistisch sind, scheue dich nicht, sie durchzustreichen und durch etwas Realistischeres zu ersetzen. Das bedeutet nicht, dass du die ursprüngliche Affirmation aufgibst; es bedeutet einfach, dass es sich um zwei verschiedene Dinge handelt.

Stärke dein Selbstvertrauen mit Affirmationen

Viele Menschen schrecken vor Affirmationen zurück, weil sie

das Gefühl haben, dass sie zu eingebildet sind, wenn sie denselben Satz immer und immer wieder wiederholen. Sie denken vielleicht, es sei albern oder ein viel zu einfacher Prozess, um tatsächlich etwas zu bewirken, aber das ist weit von der Wahrheit entfernt. Dies sind häufige Missverständnisse über positive Affirmationen.

In einer Studie, veröffentlicht in der Fachzeitschrift Social Cognitive and Affective Neuroscience, wurde detailliert beschrieben, wie Wissenschaftler und Forscher einen Kernspintomographen bei Personen einsetzten, die sich selbst positive Affirmationen wiederholten. Die Ergebnisse zeigten, dass die Personen, die Affirmationen wiederholten, die Belohnungszentren ihres Gehirns aktivierten, die mit Dopamin und Serotonin in Verbindung stehen.

Dieser Teil deines Gehirns ist dafür verantwortlich, dass du Dinge in deinem Leben wirklich tust. Andernfalls hättest du keinen Antrieb, etwas zu tun. Wenn du hungrig bist, isst du etwas und es fühlt sich gut an (die Freisetzung von Belohnungsstoffen), was dich glücklich macht, dass du etwas gegessen hast, sodass du nicht verhungerst.

Interessanterweise lieben wir Fast Food, weil in der Vergangenheit - als wir noch in Höhlen lebten und unsere Nahrung selbst jagten - große zuckerhaltige, kalorienreiche Mahlzeiten ideal waren, weil sie uns satt machten und uns länger mit Energie versorgten als ein Stück Obst. Deswegen fühlen wir uns beim Verzehr von Junk Food so gut.

Durch Affirmationen kannst du dieselben neuronalen Bahnen aktivieren und sie so zu deinem Vorteil nutzen. Wenn du etwas sagst wie "Ich werde mir die Beförderung verdienen", werden die Bahnen in deinem Gehirn aktiviert. Da alle deine Motivationen im Leben von dieser treibenden Kraft beeinflusst werden, ist es viel wahrscheinlicher, dass du Maßnahmen ergreifst, um die Idee der Affirmation, die du dir selbst aussprichst, umzusetzen.

Es geht darum, etwas zu wollen und es so oft zu wiederholen, dass sich dein Gehirn hyperfokussiert, um es zu verwirklichen. Kombiniere dies mit dem Gesetz der Anziehung und du wirst den perfekten Sturm erleben, wenn es darum geht, das zu manifestieren, was du willst, sowohl auf universeller als auch auf individueller Ebene.

Mache deine Affirmationen persönlich und realistisch für dein eigenes Leben, und du wirst in der Lage sein, dein Selbstvertrauen zu stärken, während du dir selbst den Fokus und die Klarheit gibst, wenn es darum geht, bedeutungsvoll Entscheidungen in deinem täglichen Leben zu treffen. Affirmationen helfen dir, dir klar vor Augen zu führen, was du willst, und die richtigen Schwingungen für das auszusenden, was du anziehen willst.

Versuche, zehn Affirmationen aufzuschreiben, die persönlich, spezifisch und realistisch sind. Schreibe jede Affirmation dreimal am Tag auf: einmal morgens, nachmittags und vor dem Schlafengehen. Bonuspunkte gibt es, wenn du sie jedes Mal laut aussprichst!

Die Worte, die du zu anderen sprichst

So wie die Worte, die du zu dir selbst sprichst, einen großen Einfluss auf die Energie haben können, die du in dein Leben bringst, so können auch die Worte, die du benutzt, wenn du mit oder über andere Menschen sprichst, einen großen Unterschied machen.

Klatsch und Tratsch oder die Verbreitung von Gerüchten über andere senken deine Schwingungen genauso wie das Posten eines negativen Tweets oder das Anhören einer negativen Nachrichtenquelle. Worte sind wie Magie, und wann immer du sie verwendest, solltest du sicherstellen, dass du die gewünschte Botschaft aussendest und dich so präzise und spezifisch wie möglich ausdrückst.

Du musst auf deine Wortwahl achten, wenn du über andere Menschen sprichst. Es ist normal, dass dich etwas, das jemand getan hat, stört und deine Meinung über ihn oder sie beeinflusst, aber das hilft keinem von euch. Wenn du dir ständig einredest, dass jemand ein schlechter Mensch ist, wird es dir schwer fallen zu glauben, dass er etwas anderes sein könnte.

Die Worte, mit denen du über andere sprichst, können sie entweder aufbauen oder zerstören.

Die Worte, die du an das Universum richtest

Die Worte, die du an das Universum richtest, sind wichtig. Das ist es, was Affirmationen ausmacht, also solltest du sicherstellen, dass du Dinge mit den besten Absichten sagst.

Die Worte, die du verwendest, wenn du mit dem Universum sprichst, sollten dein Leben besser machen. Wenn es etwas in deinem Leben gibt, das du nicht magst oder von dem du dir wünschst, dass es anders wäre, sprich es direkt an und sag ihm, wie du dich fühlst und was du dir wünschst.

Anstatt dem Universum zu sagen, dass die Dinge so laufen werden, wie du es willst, oder dass du etwas bekommst, wenn es dir zusteht, versuche zu sagen: "Ich akzeptiere diese Situation mit Anstand" oder "Ich wähle das Glück, selbst in schwierigen Zeiten".

Deine Worte schaffen deine Realität

Deine Worte sind deine Realität; deine Realität ist das, was du anziehst. Sei dir darüber im Klaren, was du willst und wie du dich selbst sehen möchtest. Wenn du sagst "Ich bin schön", aber nicht daran glaubst oder dich passend verhältst, wird das Universum dir mehr Menschen bringen, die dir das Gegenteil sagen.

Wenn deine Worte jedoch mit guten Absichten gefüllt und

universell sind, werden sie dir helfen zu wachsen. Wenn du anfängst, selbstbewusster mit dem zu werden, was du bist und was du tun kannst, wird das Universum dir das spiegeln, indem es selbstbewusste, positive Menschen zu dir bringt.

Und wenn das nicht geschieht, musst du dich entscheiden, ob du deine Worte ändern willst oder nicht, damit sie deine Realität werden können.

SIEBTES KAPITEL

Die drei Schritte des Gesetzes der Anziehung

Sieh dich selbst in der Fülle leben und du wirst sie anziehen. Es funktioniert immer, es funktioniert jedes Mal, bei jedem Menschen.
- Bob Proctor

Konzentrieren wir uns auf einige praktische Möglichkeiten, das Gesetz der Anziehung zu nutzen.

Du wirst diesen Schritt sowohl auf der Makro- als auch auf der Mikroebene anwenden. Du wirst in der Lage sein, sehr große und wichtige Dinge zu schaffen, indem du über sie auf eine sehr kleine Weise nachdenkst.

Schritt I: Identifiziere dein Verlangen

Der erste Schritt ist die Identifizierung deines Wunsches. Dazu gehört, dass du sagst, was du willst, warum du es willst, und woran du erkennen wirst, dass du es hast. Manchmal ist dies sehr einfach, aber manchmal kann es etwas schwieriger sein, genau herauszufinden, was wir wollen und warum wir es wollen.

Nimm dir also etwas Zeit, um zu klären, was du willst. Du kannst deine Wünsche aufschreiben oder einfach Audio- oder Videomaterial aufnehmen, wobei du darauf achten solltest, dass du sagst, warum du es willst. Das ist hilfreich, denn manchmal haben wir große Träume, die uns aber im gegenwärtigen Moment nicht wirklich weiterhelfen. Wenn du über deinen Wunsch nachdenkst und ihn aufschreibst, musst du angeben, woran du erkennen wirst, dass er sich manifestiert hat. Wodurch wird er für dich real?

Das ist wichtig, denn wenn es keine Möglichkeit gibt, das Ergebnis zu messen, ist es schwer zu sagen, ob das, was wir suchen, tatsächlich existiert oder nicht. Man muss viel raten, und deshalb ist es wichtig, sich die Zeit zu nehmen, um solche Details herauszufinden.

Schritt zwei: Glaube

Der zweite Schritt besteht darin, herauszufinden, wie du wirklich daran glauben kannst, dass du deinen Traum in die Realität umsetzen kannst. Es ist wichtig, dass du fest an das glaubst, was du tust, um es bis zum Ende durchzuziehen.

Es gibt verschiedene Möglichkeiten, dies zu tun, aber am besten ist es, wenn du alle Aspekte deines Wunsches berücksichtigst. Suche nach anderen, die etwas Ähnliches manifestiert haben, oder beginne damit, etwas scheinbar Kleines zu manifestieren. Das kann sowohl etwas Positives als auch etwas Negatives sein, das du manifestierst. Wenn du erst einmal deinen Beweis hast, wird es dir viel leichter fallen, an viel größere Manifestationen in deinem Leben zu glauben.

Ich habe kürzlich mit einem Freund gesprochen, der in seiner Freizeit Videospiele streamt. Er spielte ein Spiel und wurde unglaublich wütend und beleidigte schließlich seine Mitspieler regelrecht. Durch diese Handlungen und Worte hat er eine Menge negativer Schwingungen in das Universum ausgestoßen.

Am nächsten Tag verließ jemand, der ihm sehr nahe stand, die Community plötzlich aus persönlichen Gründen. Andere Leute stritten sich in den Textkanälen der Community über irgendetwas, was sie sehr spaltete. Das alles rührte daher, dass er in seinen Spielen gedankenlos negative Energie verstärkte.

Sobald er sich einen Moment Zeit genommen hatte, um sich zu beruhigen und einzusehen, dass sein Verhalten falsch war, adoptierte er mit dem Geld seiner Community einen roten Panda und spendete ihn an ein Naturschutzprojekt. Danach hatten sich alle ziemlich schnell wieder versöhnt. So schnell kann das Gesetz der Anziehung wirken.

Übe deine Visualisierungstechniken und spüre immer wieder die Emotionen und Gefühle, von denen du dir vorstellst, dass du sie empfinden würdest, wenn du das Ziel bereits erreicht und verwirklicht hättest. Das hilft, denn es ist fast so, als würde man das Unterbewusstsein darauf vorbereiten, dass dies bereits geschehen ist. Du kannst dir auch vorstellen, wie deine Freunde und deine Familie reagieren werden, wenn sie von deinem Erfolg erfahren.

Aber denk daran: Freue dich nicht nur für dich selbst - nimm dir auch Zeit, um dich an ihrer Freude zu erfreuen! Vielleicht möchtest du auch einen idealen Zeitrahmen für deine Manifestation festlegen, damit das Universum weiß, dass du es ernst meinst mit dem, was du willst.

Dritter Schritt: Erfolgreich sein

In diesem letzten Schritt geht es um die Manifestation. Du hast dir vorgenommen, was du willst, und du bist fest davon überzeugt, dass es geschehen wird, aber jetzt musst du es konkretisieren. Das bedeutet, die Techniken anzuwenden, die wir in diesem Buch behandelt haben.

Jetzt solltest du eine Reihe von Befehlen formulieren, die als Entwurf für das dienen, was du erreichen willst. Es sollten sehr starke und direkte Aussagen sein, die einen klaren Zeitrahmen vorgeben und deine Stimmung heben, indem sie dich daran erinnern, wie großartig es sich anfühlt, diesen Wunsch erfüllt zu bekommen.

Hier ein Beispiel: "Ich bin so dankbar für mein neues Auto, das ich in den nächsten sechs Monaten erhalten werde! Und obwohl ich ein Auto haben werde, mit dem ich mich glücklich und erfüllt fühle, werde ich mich im Glück all meiner Freunde und meiner Familie sonnen, wenn sie staunen, was für ein wunderbarer Mensch ich geworden bin."

Wiederhole diese Aussagen immer wieder und setze dich für deinen Erfolg ein. Wiederholung ist der Schlüssel.

Dies sind also die drei Schritte, die dir helfen, deine Wünsche in die Realität umzusetzen. Denke daran, dass es etwas Zeit und Mühe kostet, aber sobald du siehst, wie es funktioniert, wirst du es immer wieder anwenden wollen!

ACHTES KAPITEL

Methoden der Praxis

In diesem Kapitel geht es darum, auf den Praktiken des vorherigen Kapitels aufzubauen. Wenn die Drei-Schritte-Technik die Grundlage ist, sind dies die durchschnittlichen und fortgeschrittenen Schritte, die zur Erhöhung dessen, was du anzuziehen und zu manifestieren fähig bist, beitragen werden.

Die Stapelungsmethode

Bei dieser netten Technik werden kleine, mittlere und große Manifestationen übereinander gestapelt. Es ist eine Art, die Dinge zum Rollen zu bringen und zuzulassen, dass deine Wünsche ohne allzu große Anstrengung in Erfüllung gehen.

Sagen wir also, du willst jetzt 100 Euro haben. Das würde als kleine Manifestation gelten, also können wir es aus der Gleichung herauslassen. Aber du willst auch einen neuen Job, damit du deine Rechnungen bezahlen kannst und genug Geld hast, um bequem zu leben, ohne mehr arbeiten zu müssen. Das wäre eine mittlere Manifestation, also würden wir das in die mittlere Spalte setzen.

Wenn du jedoch 20.000 Euro auf deinem Sparkonto haben möchtest, wäre das eine große Manifestation, die wir an das Ende setzen würden.

Jetzt fangen wir an zu stapeln! Nehmen wir an, dass du 100 Euro willst. Du fängst zuerst mit den kleineren Manifestationen an.

100 Euro sind also eine relativ kleine Manifestation. Du könntest sie durch eine einmalige Arbeitsgelegenheit erhalten, die du manifestierst, oder durch deine monatliche Lohntüte. Du müsstest dies zehnmal manifestieren, also zehn Manifestationen aufeinander stapeln, um dann 1000 Euro zu haben.

1.000 Euro sind für die meisten Menschen eine mittlere Manifestation. Du müsstest dann dieses mittlere Manifest zwanzigmal stapeln, um auf die 20.000 Euro zu kommen, was eine große Manifestation ist. Oder die kleine Manifestation von 100 Euro 200 Mal manifestieren.

Anstatt gleich eine größere Manifestation anzustreben, kann es wirklich hilfreich sein, die Dinge aufzuschlüsseln und einen Schritt nach dem anderen anzugehen, was schließlich zu dieser größeren Manifestation führt.

Der Trick dabei ist, dass du eine kleine Manifestation erreichst und das Gefühl bekommst, wie es sich anfühlt, etwas erfolgreich zu manifestieren. Das erleichtert dir, das Gewünschte zu visualisieren, weil du diese Gefühle bereits erlebt hast. Konzentriere dich einfach darauf und mache weiter. Wiederhole und wiederhole und wiederhole es, bis deine Träume wahr werden!

Die Zeitraffermethode

Die Zeitraffertechnik ist ideal, wenn du etwas relativ schnell manifestieren willst.

Nehmen wir zum Beispiel an, du hast in der nächsten Woche einen dringenden Abgabetermin. Du kannst diese Methode anwenden, um die Dinge zu beschleunigen, indem du kleine, mittlere und große Zeitspannen aufeinander stapelst, aber zuerst eine kleine Erklärung.

Die Zeitraffermethode konzentriert sich buchstäblich auf die Zeit, und damit meine ich die Vergangenheit, die Gegenwart und die Zukunft. Du nutzt die Zeit auf eine Weise, die dir hilft, deine gewünschte Realität zu manifestieren.

Dazu musst du an eine gleiche Anzahl von Dingen denken, in diesem Fall wähle ich sechs, denn die Einhaltung einer Frist ist eine relativ kleine Manifestation im Vergleich zu etwas wie einer Million Euro, aber für dich könnte sie groß sein. Das hängt von deiner Perspektive ab. Idealerweise nimmst du sechs Dinge für eine kleine Manifestation, 9 bis 12 für eine mittlere und 15 für eine große.

In jedem Fall muss sie durch drei teilbar sein.

Was du als Nächstes tust, ist, Dinge aus der Vergangenheit und der Gegenwart zu nehmen. Ich denke an sechs Dinge, zwei aus der Vergangenheit, zwei aus der Gegenwart, und dann zwei aus der Zukunft. Ich denke an Dinge, für die ich dankbar bin und von denen ich sowohl in der Vergangenheit als auch in der Gegenwart überzeugt bin, und wende sie dann auf die Zukunft an, oder anders gesagt, auf die Realität, die ich manifestiere.

Am Beispiel der Einhaltung eines Abgabetermins könnte mein Prozess etwa so aussehen;

Die Vergangenheit

- Ich arbeite seit drei Jahren in diesem Beruf und bin in der Lage, ihn auszuüben

- Ich habe mich selbst herausgefordert und Fristen eingehalten

Die Gegenwart

- Ich bin gesund und in der Lage, die Arbeit zu erledigen

- Ich habe die Unterstützung meines Teams, das mir hilft, die Arbeit zu erledigen

Die Zukunft

- Ich werde die Arbeit pünktlich zum Abgabetermin

fertigstellen

- Ich werde es in der gewünschten Qualität fertigstellen

Je mehr Punkte du in deine Listen aufnimmst, desto stärker werden deine Manifestationen sein. Woran du dich erinnern musst, ist, dass du Klarheit und Gewissheit auf der Grundlage der Vergangenheit und der Gegenwart haben musst, dann kannst du diese Gefühle auf deine gewünschte Zukunft anwenden. Was du aufzählst, bleibt dir überlassen. Es kann ein Gefühl, ein Ereignis, ein physisches Objekt, eine Person oder ein Ort sein. Es geht darum herauszufinden, was für dich funktioniert.

Du willst nun die Kraft der Visualisierung und Manifestation in diese Methode einbringen, damit sie funktioniert. Gehe also deine Aussagen durch und schreibe sie als Affirmationen auf, die du dann übereinander stapeln wirst. Zum Beispiel;

- Ich bin dankbar für meine Berufserfahrung und die Fähigkeiten, die ich dadurch erlangt habe

- Ich bin dankbar für meine harte Arbeit und meine Fähigkeit, Fristen einzuhalten

- Ich bin dankbar, dass ich mich körperlich und geistig in einer guten Verfassung befinde

- Ich bin dankbar für die Unterstützung durch mein Team

- Ich bin dankbar für mein Engagement für meine Welt und mein Bestreben, meinen Termin einzuhalten

- Ich bin dankbar für meine Fähigkeit, meine Arbeit in hoher Qualität zu erledigen

Durch den Prozess des Stapelns dieser Art wirst du die Richtung und den Fokus haben, die du brauchst, um Dinge zu erledigen und ein erfolgreiches Ende deiner Frist zu manifestieren.

Das ist keine genaue Wissenschaft, aber es kann helfen, die Dinge zu beschleunigen, wenn du unter Zeitdruck stehst.

Wir haben über das Gesetz der Anziehung als eine Möglichkeit gesprochen, deine Wünsche zu manifestieren oder etwas, das du willst, in dein Leben zu holen. Aber was, wenn es nicht immer darum geht, etwas Greifbares zu haben?

Vielleicht ist jemand krank, und du möchtest ihm helfen, sich besser zu fühlen. Wie können wir dieselbe Technik anwenden, wenn unsere Wünsche nicht immer etwas sind, das wir sehen und anfassen können?

Die Antwort liegt in der Kunst des Fühlens.

Gehen wir zurück zum vorherigen Beispiel: Du wolltest einen neuen Job, damit du deine Rechnungen bezahlen kannst und genug Geld hast, um bequem zu leben, ohne nebenbei mehr arbeiten zu müssen. Wie würde es sich anfühlen, wenn du jetzt dieses Leben führen würdest?

Wenn du dir nicht ganz sicher bist, nimm dir etwas Zeit und schließe die Augen. Stelle dir vor, wie es wäre, endlich einen guten Job zu finden, bei dem du genug Geld verdienen kannst und dir keine Sorgen mehr machen musst, ob du deine Rechnungen bezahlen kannst oder nebenbei arbeiten musst. Du kannst sogar so weit gehen, dir vorzustellen, dass du finanziell ungebunden bist und deine Zeit mit dem, was du willst, verbringen kannst, ohne Überstunden machen zu müssen. Vielleicht möchtest du die Welt bereisen, ein Unternehmen gründen oder wieder zur Schule gehen. Wie würde sich das anfühlen?

Es gibt keine richtige oder falsche Antwort, aber wenn du dich schwer tust, dann möchte ich dich ermutigen, dir einen ruhigen Moment zu nehmen, in dem du wirklich an der Beantwortung dieser Frage arbeiten kannst.

Nachdem du herausgefunden hast, wie es sich anfühlen würde, wenn du diesen Job oder genug Geld hättest, um deine Rechnungen zu bezahlen, nimm dir etwas Zeit, um dir dieses Gefühl vorzustellen. Stelle dir vor, wie gut es sich anfühlen würde, endlich frei von Sorgen zu sein und keine Überstunden mehr auf der Arbeit machen zu müssen. Wenn du dich wirklich in dieses Gefühl hineinversetzen kannst, machst du dir die Macht deiner Emotionen beim Manifestieren zunutze.

Warum ist es also so wichtig, zu fühlen, was du willst? Wenn wir mit unserem logischen Verstand oder "Kopf" versuchen, etwas zu visualisieren oder uns vorzustellen, ändert sich die Situation erst, wenn das Gefühlszentrum, auch bekannt als das Herz, hinzukommt.

Deshalb ist es, wenn du versuchst, etwas Greifbares zu manifestieren, genauso wichtig, das Gefühl zu haben, diese Sache bereits zu haben, damit sie real wird. Es reicht nicht aus, nur daran zu denken, dass du deine Rechnungen bezahlen oder einen neuen Job hast, denn wenn du dich nicht in die richtige Geisteshaltung versetzen kannst, wird es dir nicht möglich sein, diese Ziele zu erreichen.

Wenn wir dies aus einer anderen Perspektive betrachten, können wir besser verstehen, warum wir bestimmte Dinge nicht manifestieren können. Hattest du schon einmal einen Tag, an dem du dich einfach nicht von etwas ablenken konntest? Vielleicht war es ein Ex-Freund oder eine Ex-Freundin, der Wunsch, etwas zu kaufen, wofür du nicht genug Geld hast, oder auch nur der Wunsch, Schokolade zu essen, obwohl du eine Diät machst. Du weißt, dass du dich durch diese Gedanken irgendwie schlecht fühlst, aber was bringt uns das auf lange Sicht?

Die Antwort lautet: absolut nichts. All diese negativen Gedanken erzeugen negative Gefühle, und deshalb ist es so wichtig, diesen Kreislauf zu durchbrechen. Meditation ist eine Möglichkeit, dies zu tun, denn sie hilft dir, mit den Gefühlen deines Körpers und deines Geistes in Kontakt zu kommen, und ermöglicht es dir, all die Dinge loszulassen, die in deinem Leben keinen positiven Zweck mehr erfüllen. Aber das ist etwas, auf das wir im neunten Kapitel weiter eingehen werden, also behalte diesen Bereich im Auge.

Dankbarkeit - Anziehungskraftverstärker

Dankbarkeit ist ein guter Weg, um deine Gefühle wieder ins Positive zu wenden. Wenn du dich ständig auf das konzentrierst, was du hast, und nicht auf das, was du nicht hast, kannst du Stress und Ängste abbauen, indem du dich an all die guten Dinge erinnerst, die es bereits in deinem Leben gibt.

Und das nicht nur aus persönlicher Erfahrung. Jeder, der über Selbsthilfe, Selbstentwicklung, Achtsamkeit oder das Gesetz der Anziehung spricht, wird über die Kraft der Dankbarkeit sprechen und darüber, wie wichtig es ist, eine Praxis der Dankbarkeit zu entwickeln. Darüber hinaus ist die wissenschaftliche Forschung in dieser Sache sehr eindeutig.

Es gibt unzählige Studien, die zeigen, Dankbarkeit;

- schafft bessere, stabilere und erfüllendere Beziehungen

- verbessert die körperliche Gesundheit

- verbessert die geistige und psychische Gesundheit

- verbessert das Einfühlungsvermögen

- verringert aggressive Tendenzen

- verbessert die Schlafqualität

- steigert das Selbstwertgefühl und den Selbstwert

- verbessert die Fähigkeit, Traumata zu überwinden und zu verarbeiten

Nehmen wir an, du bist in einer Situation, in der du dir ständig Sorgen um die Bezahlung deiner Rechnungen machst. Du könntest dann eine Affirmation wiederholen wie "Ich bin dankbar für all das Geld, das jeden Monat ein- und ausgeht, und für das Geld, das ich bereits auf meinem Konto habe."

Du kannst mit dieser Affirmation beginnen, sobald du an sie denkst, und so deine Gedanken sofort auf Dankbarkeit umstellen.

In diesem Sinne findest du hier eine Liste mit fünf einfachen, aber effektiven Affirmationen für die Manifestation:

1) "Meine Wünsche manifestieren sich jetzt schnell und leicht"

5) "Jeden Tag und in jeder Hinsicht wird mein Leben besser und besser"

2) "Meine Arbeit ist erfüllend und macht mir Spaß"

6) "Ich bin entspannt und ruhig"

3) "Ich verbringe gerne Zeit mit (Name hier einfügen)"

7) "Ich fühle mich erfolgreich und auf dem richtigen Weg zu meinen Zielen"

8) "Ich manifestiere immer die richtigen Menschen, Gelegenheiten und Fülle in meinem Leben"

4) "Ich bin von Liebe und Licht umgeben"

9) "Ich bin konzentriert, positiv und genieße das Leben in vollen Zügen"

10) "Meine Träume werden jetzt wahr!"

Wenn du diese Einstellung wirklich erreichen kannst, machst du dir die Macht deiner Emotionen beim Manifestieren wirklich zunutze.

Skripting-Methode für das Manifestieren

Eine weitere Möglichkeit, die Kraft deiner Emotionen zu nutzen, ist das Schreiben. Diese Methode ist auch als Skripting bekannt und gilt als eine der praktischsten Manifestationstechniken überhaupt. Du denkst jetzt vielleicht, warum sollte ich etwas aufschreiben, wenn ich es auch einfach in meinem Kopf behalten kann? Die Antwort ist, dass du, durch das Aufschreiben viel eher dazu bereit bist, es durchzuziehen und zu handeln, weil du so viel Energie aufwenden kannst.

Wenn du deine Wünsche aufschreibst, kannst du dir dein Ziel im Detail vorstellen, einschließlich des Aussehens und der Gefühle, die du zum Zeitpunkt der Niederschrift empfindest. Es dient auch als Gedächtnisstütze, damit du nicht vergisst, was du dir zu erreichen vorgenommen hast. Zusammengefasst sind dies die Schritte für das Skripting:

1) Schreibe, was du willst, im Präsens und verwenden "ich bin" statt "ich will".

2) Schreiben auf, wie es sich anfühlen würde, und verwende dabei positive Wörter wie glücklich, begeistert oder inspiriert. Wenn du zum Beispiel einen neuen Job willst, schreibe: Ich bin so glücklich und aufgeregt, morgen zur Arbeit zu gehen, weil ich einen fantastischen neuen Job habe.

3) Mache deine Liste so lang wie du willst, indem du alle Dinge aufschreibst, die du haben oder tun kannst.

4) Lies dir deine Liste jeden Tag mindestens dreimal laut vor, idealerweise mindestens einmal morgens vor dem Frühstück, ein weiteres Mal am Nachmittag und ein weiteres Mal kurz vor dem Schlafengehen.

5) Trage deine Liste nach Möglichkeit bei dir, damit du sie den ganzen Tag über lesen kannst. So kann sie sich in dein Unterbewusstsein einprägen und es wird leichter, die Dinge schnell zu manifestieren.

6) Sobald du das Gefühl hast, dass sich etwas manifestiert oder verwirklicht hat, denke daran, mit dem Lesen deiner Liste aufzuhören und dir jeden Tag ein paar Augenblicke Zeit zu nehmen, um dankbar für das zu sein, was du jetzt hast.

Du hast es also geschafft! Eine einfache Methode, um das Gesetz der Anziehung zu nutzen, die dir helfen wird, dich gut zu fühlen und ein Magnet für alle positiven Dinge im Leben zu werden.

Die Manifestationsmethode

Die Manifestationsmethode ist eine Technik, die du anwenden kannst, um etwas schnell zu manifestieren. Sie ist dem Skripting sehr ähnlich, weil es darum geht, aufzuschreiben, was du dir wünschst, aber es gibt ein paar wichtige Unterschiede zwischen den beiden Methoden. Als Erstes musst du deine Liste mit Zielen oder Wünschen aufschreiben, wobei du positive Worte verwendest und im Präsens sprichst.

Du sollst dir auch vorstellen, wie es sich anfühlt, wenn du dein Ziel schon erreicht hast, aber anstatt positive Worte wie "aufgeregt" oder "glücklich" zu verwenden, findest du es vielleicht einfacher, aufzuschreiben, wie es sich anfühlen würde. Das kann man tun, indem man über die verschiedenen Sinne nachdenkt und sie alle im Detail aufschreibt, ähnlich wie eine Liste. Wenn du dir zum Beispiel einen neuen Job wünschst, könnte deine Liste wie folgt aussehen:

Ich sitze in meinem neuen Büro und rieche den Kaffee, der in der Küche nebenan aufgebrüht wird; ich spüre die Wärme der Sonne auf meiner Haut und sehe, dass es ein perfekter Tag ist, um draußen zu arbeiten; ich höre die Leute fröhlich plaudern und das Geräusch des Wasserkochers, der den Tee kocht; ich schmecke mein Mittagessen, das mir gerade gebracht wurde, und es schmeckt köstlich."

In dieser Phase kann es auch hilfreich sein, sich vorzustellen, dass dein Ziel bereits erreicht ist, bis du es tatsächlich erhältst. Wenn du also einen neuen Job willst, kannst du dir vorstellen, wie du dich für die Arbeit anziehst, zum Büro fährst, dein neues Büro betrittst und die Arbeit beginnst.

Der nächste Schritt ähnelt dem Skripting: Du musst das Geschriebene jeden Tag laut vorlesen, bis du das Gefühl hast, dass sich dein Ziel manifestiert hat oder in Erfüllung gegangen ist. Du solltest auch versuchen, diese Liste von Schritten zwei weitere Male im Laufe des Tages zu wiederholen.

Der Hauptunterschied zwischen den beiden Methoden besteht darin, dass beim Scripten der Schwerpunkt darauf liegt, dass du dich gut fühlst und daher Positives anziehst, während du bei den Manifestationstechniken lernst, wie du dir das Gewünschte bis ins kleinste Detail vorstellst, um es anzuziehen. Das ist besonders nützlich, wenn du dir schon lange ein bestimmtes Ziel gesetzt hast. Die Manifestationstechnik ist für dieses spezielle Ziel deshalb so erfolgreich, weil du sehen kannst, wie nahe du dem Ziel bist, und deshalb noch entschlossener wirst als zuvor.

So, da hast du es! Eine einfache Methode, die die Techniken des Gesetzes der Anziehung, des Skriptings und der Visualisierung gleichzeitig einsetzt. Noch einmal: Um mit dieser Methode schnell etwas zu manifestieren, geht es vor allem darum, sich gut zu fühlen. Achte also darauf, dass du dankbar für das bist, was du bereits in deinem Leben hast, anstatt dich darauf zu konzentrieren, wie weit dein Ziel noch entfernt zu sein scheint.

NEUNTES KAPITEL

Meditation und das Gesetz der Anziehung

> "Es ist in der Tat ein radikaler Akt der Liebe, wenn man sich
> hinsetzt und eine Zeit lang allein still ist."
> - Jon Kabat-Zinn

Viele der erfolgreichsten Unternehmer und Geschäftsleute in der Welt von heute schreiben zumindest einen Teil ihres Erfolgs der Meditation zu. Meditation hilft dir, inneres Geschnatter und Lärm zum Schweigen zu bringen und dich auf deine Ziele und Wünsche zu konzentrieren, was dir wiederum hilft, das Gesetz der Anziehung effektiver zu nutzen.

Wenn du zum ersten Mal mit der Idee der Meditation in Berührung kommst, entspann dich! In diesem Kapitel wird erklärt, was Meditation ist, warum sie so effektiv sein kann und wie man sie richtig durchführt. Der Rest des Kapitels wird dir helfen, deine eigene, persönliche Meditationstechnik zu entwickeln.

Meditation für das Gesetz der Anziehung

Meditation ist eine uralte Praxis, die seit Jahrhunderten von zahllosen Kulturen angewandt wird, um Frieden und Ruhe für Geist, Körper und Seele zu schaffen. Erst in jüngster Zeit ist unsere geschäftige, ständig aktive Gesellschaft so anspruchsvoll geworden, dass es vielen Menschen schwerfällt, sich auch nur ein paar Minuten Zeit für die Meditation zu nehmen. Es mag seltsam erscheinen, dass etwas so Einfaches eine so dramatische Wirkung haben kann, aber bedenke, dass es Anzeichen dafür gibt, dass Meditation seit 5.000 v. Chr. - also seit über 7.000 Jahren - Teil der menschlichen Kultur ist.

Sie wird auch heute noch praktiziert, und das aus gutem Grund. Die Meditation ist dem Prozess des Aufschreibens von Zielen sehr ähnlich, denn sie ermöglicht es dir, all die überschüssigen Informationen, die in deinem Kopf herumschwirren, zu beseitigen, um Platz für das zu schaffen, was wirklich wichtig ist. Du lernst, dich auf das zu konzentrieren, was du willst, und nicht auf das, was du nicht willst, und das ist besonders wichtig, wenn du das Gesetz der Anziehung anwendest.

Wenn dir Meditation zu modern klingt, nimm dir einfach eine Auszeit, um dich zu entspannen und zu entschleunigen. Ob in der Mittagspause oder im Bus nach Hause, schon fünf Minuten können einen großen Unterschied machen.

Die Kraft der Meditation, um das anzuziehen, was du willst

Die meisten Menschen machen sich nicht die Mühe zu meditieren, aber diejenigen, die es tun, erleben oft, wie sich ihr Leben in einer Weise verändert, die sie nie für möglich gehalten hätten. Für viele ist Meditation etwas, das viele konditionierte Gedanken hervorruft, wie zum Beispiel, dass es eine Praxis ist, die dazu dient, den Geist von allen Gedanken zu befreien oder mit all der Negativität aufzuräumen, die den Geist durcheinander bringt. Aber es ist so viel mehr als das.

Du kannst es als eine Möglichkeit nutzen, um präsenter zu werden, und es dir ermöglichen, auf Gelegenheiten und Zeichen des Universums zu achten. Sie kann dir helfen, deine Selbstdisziplin zu erhöhen, und vor allem kann sie im Kontext dieses Buches als Werkzeug eingesetzt werden, um die Kraft des Gesetzes der Anziehung und der Manifestation zu nutzen.

Es kann dir auch helfen, dich selbst besser kennenzulernen. Du kannst deinen Geist beruhigen und dich auf deine Gedanken konzentrieren, was dir einen einzigartigen Einblick in deine Gefühle und Gedanken ermöglicht. So kannst du erkennen, welche Gedanken du hast und welche Schwingungen du in das Universum aussendest. Auf diese Weise kannst du die Kontrolle über deine bewussten und unbewussten Manifestationen übernehmen.

In diesem Abschnitt werde ich die Meditation aufschlüsseln und erläutern, wie du sie als mächtige Technik nutzen kannst, um dich dem Gesetz der Anziehung zu nähern und dich mit ihm vertraut zu machen. Lass uns mit den Grundlagen beginnen und alles durcharbeiten, was wir bisher gelernt haben.

Erstelle deine eigene Meditationstechnik

Es gibt unzählige Möglichkeiten, wie du meditieren kannst. Du kannst in einem ruhigen Raum mit gekreuzten Beinen zehn Minuten lang in einer traditionellen Meditationshaltung sitzen oder du kannst in einem belebten Zug achtsam einen Kaffee zum Mitnehmen trinken. Es gibt so viele Variationen der Meditation, aber der Trick ist, zu experimentieren, um herauszufinden, was für dich funktioniert.

Jeder Mensch auf der Welt ist anders und hat andere Denkweisen. Deshalb musst du kreativ sein und offen dafür sein, neue Dinge auszuprobieren, bis du eine Meditationsmethode gefunden hast, die wirklich für dich funktioniert. Das ist es, was es bedeutet, seine eigene Meditationstechnik zu entwickeln. Versuche jedoch, es nicht als Aufgabe oder lästige Pflicht zu betrachten, um die besten Ergebnisse zu erzielen. Hab stattdessen Spaß daran und betrachte es als eine Reise.

Also, wo fängst du an?

Beginne zunächst mit der Beherrschung der Grundlagen der

Meditation und denke daran, dass Meditation nicht einfach etwas ist, das du an einem Tag lernen kannst und dann für immer beherrscht. Es ist ein Prozess, der sich im Laufe deines Lebens ständig weiterentwickelt, und du kannst deine Praxis immer weiter vertiefen. Aber lass uns erst einmal mit dem Wesentlichen beginnen, vor allem, wenn du neu in der Praxis bist.

Beginne damit, einen ruhigen Platz zu finden, an dem du dich wohlfühlst, und setze dich mit geschlossenen Augen in die Stille. Konzentriere dich auf deine Atmung. Verlangsame deine Atmung. Atme fünf Sekunden lang durch die Nase ein, halte den Atem sechs Sekunden lang an, und atme dann acht Sekunden lang langsam und gleichmäßig durch den Mund aus. Wenn du diese Zeiten nicht einhalten kannst, dann passe die Übung an und führe sie so durch, wie es dir passt.

Während du diesen Zyklus des Ein- und Ausatmens wiederholst, konzentriere dich auf die kleinen Pausen, die Lücken und die Momente der Stille zwischen deinem Ein- und Ausatmen. Du wirst bemerken, dass es einen kleinen Moment der Stille gibt, wenn du umschaltest. Dieser Akt der Fokussierung wird dir helfen, dir deiner Gedanken und der Art des Denkens, das deine Realität manifestiert, bewusster zu werden.

Während du sitzt, durchlaufe dieses Atemmuster mehrere Minuten lang, während du auf deinen Geist achtest. Versuche zu sehen, welche Gedanken dir auf natürliche Weise in den Sinn kommen und welche Art von Mustern sie haben. Lass dich nicht von den Gedanken selbst mitreißen, sondern betrachte sie aus einer äußeren Perspektive, so als ob du deine Gedanken beobachten würdest.

Kennzeichne die Gedanken als positiv, negativ oder nach ihrer Bedeutung und lass sie dann los. Das wird einige Übung erfordern, und du wirst immer wieder feststellen, dass du das Denkens des Gedankens, der gerade aufkommt, nicht abstellen kannst, und das ist in Ordnung. Sei mitfühlend mit dir selbst und verzeihe dir, wenn du dich in deinen Gedanken verfängst und feststellst, dass du die meiste Zeit deiner Sitzung gedankenverloren verbracht hast.

Das ist einfach so, also sei geduldig mit dir selbst, und ich kann dir versichern, dass du mit der Zeit besser werden wirst. Meditation ist eine Fähigkeit, die geübt und ausgefeilt werden kann. Jetzt, wo du die Grundlagen kennst, kannst du damit beginnen, sie an dich anzupassen und sie so zu gestalten, wie sie für dich am besten funktioniert.

Bevorzugst du zum Beispiel eine Routine, bei der du am Morgen oder am Abend meditierst? Magst du Stille oder Musik im Hintergrund? Führst du deine Meditation gerne selbst durch, oder bevorzugst du angeleitete Meditationen? Sind Meditationskurse vielleicht das Beste für dich? Bevorzugst du die Meditation, um deinen Gedanken zuzuhören oder deine Manifestationen zu visualisieren? Nutzt du Meditation als eine Mischung aus beidem?

Das ist es, was ich mit der Schaffung einer eigenen Meditationsroutine meine. Eine Routine ist unerlässlich, da es sich um eine alltägliche Praxis handelt, aber wie du dabei vorgehst, ist ganz dir überlassen. Es braucht Zeit und Experimentierfreude, ein lebenslanger Prozess, bei dem du in verschiedene Formen der Praxis eintauchen wirst.

Wenn du deinen Meditationsprozess weiter ausfeilst, versuche, eine Praxis zu entwickeln, bei der du mindestens einmal pro Tag meditierst.

Beginne damit, dir jedes Mal fünf Minuten Zeit zu nehmen, und steigere diese Zeit. Versuche zu visualisieren und friedlich zu sein. Versuche zu meditieren und dann deine Gedanken aufzuschreiben. Wenn du deine Praxis des Gesetzes der Anziehung auf die nächste Stufe bringen willst, ist die Meditation definitiv ein wesentlicher Teil des Prozesses, wie wir jetzt weiter erkunden werden.

Wir leben in einer Welt voller Ablenkungen, und es ist fast unmöglich, alles, was uns ständig in den Sinn kommt, auszublenden. Selbst wenn wir uns entspannen, denken wir oft über Arbeit, Beziehungen, Geld und andere Sorgen nach; deshalb fällt es den meisten Menschen schwer, sich zu entspannen und zu genießen.

Meditation hilft dir, all deine Sorgen zu beseitigen und deinen Fokus zu finden, aber es gibt noch einen weiteren Grund, warum sie so gut funktioniert, wenn sie mit dem Gesetz der

Anziehung kombiniert wird: Wenn du meditierst, sendest du ein Signal an das Universum, das sagt: "Konzentriere dich auf mich".

Denke daran, dass es nicht darum geht, ein Leben ohne Fehler zu führen oder sich keine Sorgen um die Zukunft zu machen, sondern darum, Frieden und Harmonie zu finden, damit deine Gedanken immer positiv sind. Wenn du meditierst, bittest du das Universum, dir dabei zu helfen, alles, was du dir wünschst, in deinem Leben zu manifestieren. Wenn sie dies regelmäßig tun, erleben viele Menschen phänomenale Ergebnisse.

Die Vorteile der Meditation

Nun, du musst nicht nur den Worten der Mönche von vor Jahrhunderten oder dem Bekenntnis eines CEOs aus dem Silicon Valley Glauben schenken, um zu wissen, dass Meditation funktioniert und eine Reihe von Vorteilen in dein Leben bringen kann. Die wissenschaftliche Forschung hat dies bereits mehrfach bewiesen. Tatsächlich scheint das Einzige, was die Menschen davon abhält, regelmäßig zu meditieren, ihr eigener Verstand zu sein.

Worin bestehen nun diese Vorteile?

- Meditation steigert deine Konzentration und deinen Fokus. Dies ist ideal für die Manifestation und die

Anwendung des Gesetzes der Anziehung, weil du in der Lage sein musst, dich auf das zu konzentrieren, was du willst.

- Meditation baut Stress und Ängste ab. Jeder Mensch hat unterschiedliche Auslöser, die ihn in Stress versetzen, und es ist wichtig, damit umgehen zu können, bevor du anfängst, mit dem universellen Gesetz der Anziehung zu arbeiten; andernfalls wird dein Geist ständig von negativen Gedanken und Gefühlen getrübt sein.

- Meditation hilft dir, nachts besser zu schlafen. Das ist besonders nützlich für diejenigen, die nur schwer schlafen können, und es geht um die Fertigkeit sich zu entspannen.

- Meditation hilft dir, deine allgemeine Gesundheit zu verbessern. Als direkte Folge davon, dass du dich weniger ängstlich und gestresst fühlst, wird auch dein Körper die positiven Auswirkungen spüren - einschließlich eines niedrigeren Blutdrucks und einer leichteren Atmung.

- Durch Meditation fühlst du dich glücklicher. Je mehr du meditierst, desto glücklicher wirst du mit dir selbst und deinem Leben sein, was wiederum die Menschen um dich herum viel glücklicher macht!

- Meditation hilft nachweislich bei der Gewichtsabnahme. Der Grund dafür ist, dass Achtsamkeitsmeditation dir hilft, dir deiner Gedanken und Gefühle bewusster zu werden. Daher kannst du dein Verlangen nach Essen oder Snacks wahrnehmen und deine Auslöser identifizieren. Wenn du achtsamer wirst, kannst du sicherstellen, dass du nicht so oft in alte Gewohnheiten zurückfällst..

- Man sagt, dass Meditation zu einem längeren Leben beiträgt, weil sie das Risiko von Krankheiten verringert, die mit Stress und Angst verbunden sind, wie z. B. Herzkrankheiten oder bestimmte Arten von Krebs.

Diese Liste reicht aus, um viele Menschen zu ermutigen, täglich zu meditieren, aber es gibt noch viele weitere Vorteile. Wie viele Menschen hätten gedacht, dass Meditation dir hilft, besser zu schlafen?

Unglaublich, wie sehr du dein Leben verändern und alles besser machen kannst.

Das Leben ist hart und voller Ablenkungen, was es schwierig macht, sich zu konzentrieren. Durch Meditation kannst du jedoch lernen, deine Gedanken und Gefühle zu kontrollieren, anstatt dich von ihnen kontrollieren zu lassen. Das ermöglicht es dir, die Dinge, die dir wichtig sind, viel effektiver zu manifestieren, weil es nicht ausreicht, nur an sie zu denken.

Die Art und Weise, wie du meditierst, kann unterschiedlich sein, und es gibt so viele Techniken wie angeleitete Meditation oder einfach nur das Schließen der Augen und das Lauschen auf die Geräusche um dich herum. Manche Menschen ziehen es vor, beim Meditieren Ohrstöpsel zu tragen, während andere gerne Musik hören. Das Wichtigste ist, dass du einen Weg findest, der für dich funktioniert, und dass du versuchst, täglich zu meditieren.

Die fünf Schritte der Meditation

Meditieren ist in der Theorie ein recht einfacher Vorgang, aber in der Praxis geht es um mehr als nur das Sitzen und Nichtstun. Es erfordert Achtsamkeit und eine bewusste Wahrnehmung der Gedanken, was von Zeit zu Zeit unangenehm werden kann.

Wenn du mit schwierigen Emotionen wie Stress, Angst, Schmerzen oder sogar Depressionen zu kämpfen hast, versuchst du vielleicht zu meditieren, um dann festzustellen, dass dein Verstand tausende Gedanken auf einmal hat. Das kann passieren. Du willst vielleicht nicht darüber nachdenken und würdest es vorziehen, auf deinen üblichen Bewältigungsmechanismus zurückzugreifen, aber in Zeiten wie diesen ist Meditation unerlässlich.

Als ich schwer depressiv war und daran dachte, mir das Leben zu nehmen, verdrängte ich diese Gedanken, bis es praktisch unmöglich war, zu meditieren, weil diese Gefühle wieder hochkamen. Sei es Stress, Wut oder Traurigkeit – vielleicht hast du versucht zu meditieren, aber du fandest es unangenehm, diese Gefühle wahrzunehmen.

Der beste Weg, dies anzugehen (zusätzlich zur Suche nach professioneller Hilfe, wenn du diese benötigst, oder anderen Formen von self-care), ist dennoch zu meditieren und das zu tun, was dir möglich ist.

Auch wenn du gerade "nichts durchmachst", kann es sein, dass dein Geist während der Meditation dramatisch umherwandert, und das ist in Ordnung. Du hast vielleicht lebhafte Wünsche im Kopf oder spürst, wie sich Pläne manifestieren, und das ist auch in Ordnung. Bei der Meditation geht es darum, sich mit dem zu arrangieren, was "ist".

Meditation kann auch als Werkzeug für den Zugang zu anderen Dingen genutzt werden, z. B. um die Kraft des Gesetzes der Anziehung zu maximieren. Beginnen wir erst einmal mit den Grundlagen.

1. Such dir einen ruhigen Ort, an dem du ohne Ablenkung meditieren kannst.

2. Setze dich aufrecht hin, stell die Füße flach auf den Boden und stütze deine Arme an der Seite ab.

3. Schließe deine Augen und konzentriere dich auf den Punkt zwischen deinen Augenbrauen - bekannt als das dritte Augenchakra!

4. Atme tief durch die Nase ein und stelle dir vor, dass du negative Energie einatmest und positive Energie ausatmest.

Wenn deine Gedanken abschweifen, bringe sie einfach zurück zum Chakra des dritten Auges und konzentriere dich auf deinen Atem.

5. Setze dies so lange fort, wie es dir gut tut, und achte darauf, dass du deinen Geist, jedes Mal wenn er abzuschweifen beginnt, zurückholst, indem du dich auf das Chakra des dritten Auges konzentrierst.

Das war's dann auch schon.

Es spielt keine Rolle, wie lange du meditierst, solange du es zu einem Teil deiner täglichen Routine machst und versuchst, dich jeden Tag an denselben Ort zu setzen. Das macht es leichter, sich zu konzentrieren, denn nach einiger Zeit beginnt dein Geist, diesen Platz mit der Meditation zu assoziieren, was es jedes Mal einfacher macht.

Wenn du meditierst, achte darauf, dass du völlig entspannt bist und dich auf den gegenwärtigen Moment konzentrierst. Indem du dich auf deine Atmung konzentrierst, lenkst du dich von negativen Gedanken oder Gefühlen ab, die dich vielleicht überwältigen.

Du kannst diese Zeit auch nutzen, um dir vorzustellen, wie du dein Traumleben lebst. Je lebhafter du es dir vorstellen kannst, desto besser! Denn es wird dir helfen, dein Traumleben zu manifestieren.

Es ist jedoch wichtig, dich daran zu erinnern, dass deine

Meditationspraxis nur für dich ist, und du kannst alles an das von dir gewünschte Ergebnis anpassen. Du kannst zum Beispiel meditieren, um;

- Stress abzubauen

- Visualisierung zu üben

- den Kopf frei zu bekommen

- dich besser mit dem gegenwärtigen Moment zu verbinden

- deinen Frieden mit Angst zu schließen

- mögliche Lösungen für Probleme zu durchdenken

- deine Ziele zu verwirklichen

- herauszufinden, was du im Leben willst

- und vieles mehr

All diese Gründe zu meditieren werden dir helfen, deine Fähigkeit, das Gesetz der Anziehung zu nutzen, zu verbessern. Wenn du zum Beispiel die Meditation nutzen willst, um dein zukünftiges Selbst zu visualisieren und Klarheit darüber zu erlangen, was du zu manifestieren versuchst, gehe einfach die oben genannten Schritte durch und achte darauf, dass du dich in einem geerdeten und ruhigen Geisteszustand befindest und von deiner Konzentrationsfähigkeit Gebrauch machst.

Ich habe die Erfahrung gemacht, dass ich nach ein paar Minuten in diesen Zustand geriet, aber es war immer noch schwierig, die Gedanken zu stoppen, also beschloss ich, mich auf diese Gedanken zu konzentrieren. Wenn es sehr extrem war und meine Gedanken schnell umherflogen, öffnete ich die Augen und schrieb einfach auf, was mir in den Sinn kam, und ließ es alles auf das Blatt fließen.

Wenn du visualisieren willst, folge dem Prozess, versetze dich für ein paar Minuten, vielleicht zehn Minuten, in einen ruhigeren, konzentrierteren Geisteszustand und übe dann zu visualisieren. Nutzen diesen Geisteszustand, um wirklich zu fühlen, was du willst und was du anstrebst.

Wenn du Antworten auf ein Problem suchst, nutze die Meditation, um bestimmte Wege zu erkunden. Schau, was auftaucht, und wenn du eine mögliche Antwort findest, visualisiere sie.

Welchen Ansatz du auch immer wählst, was auch immer du tun willst und wofür auch immer du das Gesetz der Anziehung nutzen willst, stelle sicher, dass du es jeden Tag tust. Mach die Meditation zu einer Routine. Je mehr du übst, desto besser wirst du darin, und desto besser wird deine Verbindung mit dem Gesetz der Anziehung sein.

Erst dann wirst du die wirklichen Ergebnisse in deinem Leben sehen.

Schlusswort

Und damit weißt du jetzt alles, was du wissen musst, um das Gesetz der Anziehung in allen Bereichen deines Lebens anzuwenden. Du kennst die Logik und Wissenschaft hinter der Praxis und die praktischen Techniken, die du in deinem Leben anwenden kannst.

Ich habe es geschafft, viele Bereiche meines Lebens zu verbessern, mit denen ich nicht zufrieden war, indem ich Techniken wie Meditation und Visualisierung angewendet habe. Wenn du sie regelmäßig anwendest, wirst du erstaunt sein, wie viel mehr Kontrolle du über dein Leben hast - ein unglaubliches Gefühl!

Es erfordert jedoch Übung und Beständigkeit. Es geht nicht darum, nur einmal aufzuschreiben , was du willst, und sich darauf zu konzentrieren. Es ist ein lebensverändernder Prozess, der nicht wirklich endet.

Es ist der kontinuierliche Prozess der Nutzung der Kraft deines Geistes durch wiederholte Anwendung, der dir neue Türen in Bereiche öffnet, die du nie für möglich gehalten hättest. Das

Beste, was du tun kannst, ist, den Prozess zu beginnen und dir die Beweise selbst anzuschauen. Das ist die einzige Motivation, die du dann brauchst, um weiterzumachen.

Das war es soweit von mir. Zum Schluss noch ein Aufruf: Wenn du dieses Buch gerne gelesen hast, dann teile uns doch dein Feedback, deine Erfahrungen, deine Gedanken oder deine Reise mit diesem Buch mit, indem du eine Rezension auf der Seite des Ladens, wo du dein Exemplar bekommen hast, hinterlässt.

Ich werde alles lesen, was gepostet wird, und ich freue mich wirklich sehr darauf, zu hören, was du zu sagen hast. Ich bin selbst auf dem Weg, meine Leidenschaft zu manifestieren, meine Karriere aufzubauen und die beste Schriftstellerin zu werden, die ich sein kann. Deshalb weiß ich es zu schätzen, dass du dir die Zeit genommen hast, nicht nur dieses Buch zu lesen, sondern auch mit mir in Kontakt zu treten.

Und damit wünsche ich dir alles Gute auf deinem Weg. Diese Worte werden immer hier sein, wenn du sie brauchst, also kannst du jederzeit wiederkommen.

Bis zum nächsten Mal!

Danksagung

Bevor du gehst, wollte ich dir noch dafür danken, dass du mein Buch gekauft hast.

Es gibt viele Bücher zu diesem Thema, aber du bist das Risiko eingegangen und hast dieses ausgewählt.

Ich danke dir, dass du dich für mich entschieden hast und dass du dieses Buch bis zum Ende gelesen hast.

Jetzt wollte ich dich um einen kleinen Gefallen bitten. **Würdest du in Betracht ziehen, eine Rezension für dieses Buch zu schreiben? Rezensionen sind der einfachste Weg, einen selbstständigen Autor wie mich zu unterstützen.**

Dein Feedback wird mir helfen, weiterhin Bücher zu schreiben, die dir helfen, die gewünschten Ergebnisse zu erzielen. Also lass mich bitte wissen, ob es dir gefallen hat.

www.ingramcontent.com/pod-product-compliance
Lightning Source LLC
Chambersburg PA
CBHW071148120626
46546CB00006B/2164